Sigizmund Kržižanovski
POVRATAK MINHAUZENA

REČ I MISAO
KNJIGA 570

Urednik
JOVICA AĆIN

CIP – Каталогизација у публикацији
Народна библиотека Србије, Београд

821.161.1-31

КРЖИЖАНОВСКИ, Сигизмунд

    Povratak Minhauzena : roman / Sigizmund Kržižanovski ; sa ruskog prevela Nada Uzelac. – Beograd : Rad, 2006 (Lazarevac : Elvod-print). – 149 str. ; 21 cm. (Reč i misao ; knj. 570)

Prevod dela: Возвращение Мюнхгаузена / Сигизмунд Кржижановский.

ISBN 86-09-00921-1

COBISS.SR-ID 129808140

SIGIZMUND KRŽIŽANOVSKI

POVRATAK MINHAUZENA

Sa ruskog prevela
NADA UZELAC

IZDAVAČKO PREDUZEĆE „RAD"
BEOGRAD

Izvornik

Сигизмунд Кржижановский
ВОЗВРАЩЕНИЕ МЮНХГАУЗЕНА
Повести. Новеллы. Л.:
Художествена литература, 1990
Za srpsko izdanje © Rad, 2006

Sigizmund Kržižanovski
POVRATAK MINHAUZENA

REČ I MISAO
KNJIGA 570

Urednik
JOVICA AĆIN

CIP – Каталогизација у публикацији
Народна библиотека Србије, Београд

821.161.1-31

КРЖИЖАНОВСКИ, Сигизмунд

    Povratak Minhauzena : roman / Sigizmund Kržižanovski ; sa ruskog prevela Nada Uzelac. – Beograd : Rad, 2006 (Lazarevac : Elvod-print). – 149 str. ; 21 cm. (Reč i misao ; knj. 570)

Prevod dela: Возвращение Мюнхгаузена / Сигизмунд Кржижановскйи.

ISBN 86-09-00921-1

COBISS.SR-ID 129808140

POVRATAK MINHAUZENA

I Poglavlje
SVAKI BARON FANTAZIRA NA SVOJ NAČIN

Jedan prolaznik pređe preko Aleksanderplaca i posegnu rukom ka šlifovanim krilima ulaznih vrata. Ali, u taj čas, iz ulica koje su se poput zraka stekle sa svih strana, usta dečaka-prodavca novina povikaše:
– Ustanak u Kronštatu!
– Kraj boljševicima!
Zgrbivši se od prolećne svežine, prolaznik zavuče ruku u džep: prsti preletoše od šava do šava – do vraga, ni pfeniga. I prolaznik gurnu vrata.

Sad se penjao po razastrtoj, dugoj stazi; u stopu za njim, preskačući stepenike, prati ga blatnjavi trag.
Na zavoju stepenica:
– Koga da najavim?
– Recite Baronu: pesnik Unding.[1]
Preletevši pogledom preko posetioca, od razgaženih dubokih cipela do izgužvanog vrha njegovog riđeg filca, ponovi pitanje:
– Koga?
– Ernsta Undinga.
– Trenutak.
Koraci se udaljiše – zatim se vratiše i sluga sa iskrenim čuđenjem u glasu reče:

---
[1] Stvar koja ne postoji, nemoguća stvar, besmislica (nem.) – *Prim.prev.*

– Baron vas čeka u kabinetu. Izvolite.
– Ah, Undinže.
– Minhauzene.
Dlanovi se sretoše.
– Pa, izvolite. Priđite kaminu.

S koje god strane da se pogleda, gost i domaćin malo su ličili jedan na drugog: jedne pokraj drugih – sa đonovima na rešetki kamina – par lakovanih, besprekornih, otvorenih cipela i nama već poznate blatnjave čizme; jedno pored drugog – na gotskim naslonima fotelja – duguljasto lice, teških kapaka, s aristotkratskom tankom nosnom hrskavicom, brižljivo izbrijano, i lice širokih jagodica, ispod neurednih čuperaka kose, s crvenim dugmetom od nosa i parom zenica s nakostrešenim trepavicama.

Njih dvojica su sedela, na tren prateći igru plavih i grimiznih iskri u kaminu.

– Na stolu su cigare – najzad reče domaćin. Gost ispruži ruku: za šakom izmili i zgužvana, šarena, prugasta manžetna: lupnu poklopac kutije cigara – zatim zašušta sekač po suvom listu, a onda se zaplavi mirišljivi dim.

Domaćin zaškilji na plamen koji je titrao.

– Mi, Nemci, naučili smo da vladamo i dimom. Gutamo ga, kao penu iz krigle, ne dajući mu da se svije i slegne u čibuku. Ljudima s kratkim cigarama u zubima i mašta je kržljava. Dozvolite...

Ustavši, baron priđe starinskom ormanu kraj Zida, začu se resko zveckanje ključa, teška, izrezbarena krila se rastvoriše – i gost, čije se oči i plamičak okrenuše za njim, ugleda: iza baronovih dugih, mršavih leđa, na drvenim kukama u ormanu – iznošeni kamzol[1], koji se ne nosi već više od sto go-

---

[1] Muški prsluk. – *Prim. prev.*

dina; dugi mač u iskrzanim koricama; iskrivljena lula u navlaci od sitnih bisera i, najzad, debela kika, s koje je spao puder, s odsečenim delom nadole i mašnom na kuki.

Baron skinu lulu i, osmotrivši je, vrati se na staro mesto. Minut kasnije jabučica mu iskoči ispod okovratnika, a obrazi se ugnuše unutra u susret dimu koji se prelivao iz čibuka u nozdrve.

– Naše razumevanje u magli još je manje – nastavi pušač u pauzi između dva dima – počev, barem, od metafizičkih magli. Uzgred, Undinže, baš dobro što ste navratili danas: sutra nameravam da odem u posetu londonskim maglama. Istovremeno i onima koji u njima žive. Da, beličaste koprene koje se dižu s Temze znaju da brišu obrise, zamagljuju pejsaže i poglede na svet, senče činjenice i... ukratko, putujem u London.

Unding se nakostreši:
– Nepravični ste prema Berlinu, barone. I mi smo se na koješta navikli: na primer, na surogate i metafiziku fikcionalizma.

Ali Minhauzen ga prekide:
– Nećemo da ponavljamo stari spor. Uzgred rečeno, stariji nego što vam se čini: sećam se, pre stotinak godina Tik i ja smo celu noć proveli prepirući se na ovu temu, istina uz drugačije termine, ali zar to menja na stvari? Sedeo je ovako kao i vi, desno od mene, i lupkajući lulom, pretio da će udariti snovima po javi i razvejati je. Ali ja sam mu napomenuo da i trgovci snuju snove, a uže, iako na mesečini liči na zmiju, ne ume da ujeda. S Fihteom sam se prepirao kudikamo manje: „Doktore" – rekao sam filozofu – „od vremena kada je 'ne-ja' iskočilo iz 'ja', ono treba češće da se obazire na

svoje 'odakle'". Kao odgovor na to, her Johan se učtivo nasmešio.

– Dopustite meni, barone, da se osmehnem ne tako učtivo. To može da izdrži kritiku isto kao i maslačak vetar. Moje „ja" ne čeka da se na njega obazre „ne-ja", već samo okreće leđa svakakvim ne. Tako je vaspitano. Mom sećanju nije dano stoleće – pokloni se on sabesedniku – ali naš prvi susret, pre pet nedelja, kao sada vidim i pamtim. Daska od stola u imitaciji mramora, slučajna blizina krigli i dva para očiju. Ja – gutljaj za gutljajem, vi sedite ne dotičući usnama staklo, i tek pokatkad – na vaš mig – umesto neispijene čaše kelner donosi drugu, koja takođe ostaje nepopijena. Kada mi je piće malo pomutilo glavu, upitah šta će vam, u stvari, staklo i pivo, kada ne pijete. „Zanimaju me mehurići koji se rasprskavaju" – odgovorili ste – „i kada se svi rasprsnu, moram da naručim novu porciju pene." Pa šta, svako se zabavlja na svoj način, meni se, evo, kod ove tekućine dopada to što je lažna, surogat. Slegnuvši ramenima, pogledali ste me – podsećam vas na to, Minhauzene – kao da sam i ja bio mehurić, koji se priljubio uz vašu kriglu...

– Vi ste zlopamtilo.

– Svašta ja pamtim: u glavi mi se još okreće šarena vrteška, koja se zavrtela tamo, kod dve primaknute krigle. Prelazili smo zajedno mora i kontinente brzinom koja nadmašuje okretanje zemlje. I kada prebacivan, kao lopta između teniskih reketa, iz zemlje u zemlju, iz prošlosti i budućnost i odbijan nazad u prošlost, ispadoh slučajno iz igre, tad upitah: „Ko ste vi i odakle vam toliko života za sva ta putovanja?" – vi – učtivo se naklonivši – rekoste svoje ime. Od lažnog piva i pijanstvo je lažno i zbunjujuće, stvarnosti se rasprskavaju, kao mehuri-

ći, a fantazije se guraju na njihovo mesto – vi ironično klimate glavom? Ali znate, Minhauzene – među nama – kao pesnik, spreman sam da verujem da vi jeste vi, ali kao razuman čovek...
Zvonjava telefona zapara njihov razgovor. Minhauzen pruži ka aparatu dugoprstu ruku s ovalom mesečevog kamena na domalom prstu:
– Halo! Ko govori? A, to ste vi, gospodine poslaniče? Da, da. Biću za jedan sat.
I slušalica se spusti na gvozdene viljuške.
– Vidite, dragi Undinže, izuzetno mi laska to što jedan pesnik priznaje moje postojanje. Ali čak kada biste i prestali da verujete u mene, Jeronima fon Minhauzena, diplomate neće prestati. Dižete obrve: zbog čega? Zbog toga što sam im neophodan. I to je sve. Biće *de jure,* s njihove tačke gledišta, ni po čemu nije gore od bića *de fakto*. Kao što vidite, u diplomatskim paktovima ima mnogo više poezije nego u svim vašim stihovima.
– Šalite se.
– Nimalo: za život, kao i za svaku robu, postoji ponuda i potražnja. Zar vas tome nisu naučile novine i ratovi? I stanje na političkoj berzi je takvo da mogu da se nadam ne samo životu, već i sjajnom zdravlju. Ne žurite se da me uvrstite u utvare i stavite na policu biblioteke, prijatelju moj. Da-da.
– E pa, dobro – osmehnu se pesnik i osmotri dugu sabesednikovu figuru, s laktovima na naslonima fotelje – ako akcije minhauzenijade rastu, ja sam, molim, spreman da učestvujem u podizanju cena: do samog postojanja. Ali konkretno kako – mene zanima. Naravno, priznajem izvesnu difuziju između stvarnog i nestvarnog, bivanja u „ja" i bivanja u „ne-ja", ali ipak, kako je moglo da se dogodi da mi, evo, sedimo i razgovaramo bez udela čujne i vidne

halucinacije. Važno mi je da to znam. Ako u reči „prijatelj", koju ste mi dodelili, ima ikakvog smisla, onda...

Izgledalo je da se Minhauzen koleba.

– Ispovest? To je pre u stilu blaženog Avgustina, nego barona Minhauzena. Ali ako insistirate... samo mi dopustite da se makar ponekad, drugačije ja ne mogu, iz žabokrečine istine vinem na krilima mašte. Dakle, počinjem: zamislite gigantski brojčanik vekova; pod vrhom njegove crne kazaljke – podeljak za podeljkom – nižu se datumi; kada se sedne na kraj skazaljke vidi se kako dole protiču: 1789 – 1830 – 1848 – 1871 – i još, i još – i sad mi pred očima sve poigrava od godina koje promiču. Sad zamislite, dragi prijatelju, da se, obuhvativši kolenima upravo kazaljku koja visi iznad smene godina (i svega što je u njima), vaš pokorni sluga okreće po brojčaniku vremena. Da, uzgred, kuke u ormanu, koji sam zaboravio da zatvorim, pomoći će vam da jasnije i podrobnije sagledate ondašnjeg mene: kika, kamzol, mač koji se, nagnut nad brojčanikom, ljulja od otkucaja. A tiktakanje kazaljke po brojevima sve je jače i jače: na 1789. čvršće stišćem kolena, na 1871. i rukama i nogama se hvatam za krajeve kazaljke, ali od 1914. tresenje postaje nepodnošljivo: udarivši o 1917. i 1918. gubim ravnotežu: strmoglavih se dole.

U susret mi poleteše s početka mutne, zatim sve jasnije se ocrtavajući u vazduhu, mrlje mora i kontinenata. Pružam ruke, tražeći oslonac: vazduh, sam samcati vazduh. Iznenada – udarac o dlanove, stežem prste – u rukama mi je šiljak – zamislite, običan, kao igla iznad naprstka, šiljak nad kupolom. Iznad glave – na dve-tri stope – vetrokaz. Izdižem se na mišiće. Krilima povetaraca vetrokaz se okreće s jedne na drugu stranu – i ja mogu mirno da osmotrim zemlju koja se rasprostrla pod mojim stopama na dve-tri desetine metara: zrakasto iscrtane staze, mermerne stepenice, nizovi potkresanog drveća, prozračne hiperbole mlazeva na vodoskocima – sve to kao da mi je već poznato, nije mi novo. Klizim niz šiljak i, sednuvši na dimnjak, pažljivo osmatram okolinu: Versaj, pa naravno. Versaj, i ja na rubu Trijanona. Ali, kako da siđem? Lelujavi dim, koji mi klizi po leđima, navodi me na lako rešenje. Napominjem: ukoliko sam se sada, da tako kažem, udebljao i dobio na težini, tog prvog, debitujućeg dana još sam bio tek nešto teži od dima: i ja zaranjam u struju dima, kao gnjurac u vodu i klizeći nadole – brzo se nađoh na dnu, to jest, da se manem metafore, u kaminu – istom kao i ovaj (lakovana cipela pripovedača dotače gvozdenu rešetku, iza koje je vatra već dogorela). Osvrnuh se: nigde nikog. Iskoračih napolje. Sudeći po dugim policama prepunim knjiga i fascikli, koje su potpuno prekrivale zidove, kamin se nalazio u biblioteci dvorca. Oslušnuh: šum stolica koje se pomeraju iza zida, zatim tišina, obeležena čestim udarima klatna, zatim nečiji monoton glas, jedva čujan kroz zid, koji struže po rečima, kao cipele po daščanom podu. Ja, čovek koji je pao sa kazaljke na brojčanik, nisam, naravno, još shvatao da je to jedno od zasedanja Versajske konferencije. Na stolu u biblioteci stoji kartoteka, poslednji brojevi časopisa i fascikle sa zapisnicima. Odmah prionuh na čitanje, brzo se orijentišući u odnosu na politički momenat, kad se iznenada iza zida začu šum pomeranja stolica, nejasni glasovi i nečiji koraci pred vratima biblioteke. U to ja... ne, očigledno da još jednom moram da odem do starog ormana.

I Ernst Unding, unevši se celim telom u priču, pratio je nestrpljivim pogledom barona kako se, prekinuvši priču, bez žurbe približava kukama koje su štrčale iz dubine ormana i spušta ruku u isturen džep starinskog kamzola.

– Evo – okrenu se Minhauzen gostu. U ispruženoj ruci rumeneo se safijan omanjeg *in-oktavo* formata sa zlatnim obrezom i kožnim uglovima na koricama. – Evo stvari od koje se retko odvajam. Pogledajte: prvo londonsko izdanje, još iz hiljadu sedamstotina osamdeset treće godine.

On otvori izlizane, pohabane korice. Undingove zenice ustremiše se na naslov i preletješe preko slova: „Priče barona Jeronimusa fon Minhauzena o njegovim čudesnim pustolovinama i ratovima u Rusiji". Korice se zalupiše, i knjiga se nađe kraj pripovedača, na fotelji, na naslonu za ruku u obliku šape.

– Pobojavši se da se ne pročujem kao špijun, koji se, ne zna se kako, dokopao diplomatskih tajni – nastavi Minhauzen, čiji đonovi ponovo pronađoše ivicu rešetke kamina – pohitah da se sakrijem: otvorivši svoju knjigu – evo ovako – sklupčah se, skupih noge pod bradu, glavu uvukoh u ramena, zgrčih se koliko sam mogao i uskočih među stranice, zalupivši za sobom korice, kao što bi vi za sobom, recimo, zalupili vrata telefonske govornice. U taj čas koraci pređoše preko praga i približiše se stolu, na kojem sam se nalazio ja, spljošten između šezdeset osme i šezdeset devete stranice.

– Moram da vas prekinem – poskoči Unding s fotelje. – Kako ste mogli da se smanjite do veličine evo ove knjižice? To je, kao prvo, a...

– A drugo – udari baron dlanom o safijan – ne podnosim da me prekidaju... I, treće, loš ste vi, tako mi lule, pesnik ako ne znate da se knjige, samo ukoliko su prave knjige, ponekad mogu porediti sa stvarnošću, ali nikada joj ne mogu odgovarati!

– Recimo da je tako – promrmlja Unding. I priča se nastavi.

– Slučaj je hteo da čovek, koji samo što me nije iznenadio (uzgred, bio je to jedan od štihova izlizanog diplomatskog špila), i sebe i mene ponovo iznenadi: prsti diplomatskog asa, tražeći nekakvu potvrdu, prelećući s korice na koricu, nehotice zakačiše vrata mog skloništa od safijana, stranice se rastvoriše i ja, priznajem, pomalo zbunjen, čas postajući trodimenzionalan, čas se ponovo spljoštivši, nisam znao šta da radim. As ispusti cigaru iz usta i, povukavši sebi ruke, klonu u fotelju, ne skidajući s mene začuđen pogled. Nisam imao kud: iskoraknuh iz knjige, i gurnuvši je pod mišku: evo ovako, sedoh u fotelju preko puta i primaknuh se tik uz diplomatu: „Istoričari će zabeležiti" – rekoh, utešno klimnuvši glavom – „da ste me otkrili vi." Našavši pravu reč, on najzad upita: „S kim imam?!" Zavukoh ruku u džep i ćuteći mu pružih evo ovo.

Pred samim očima Undinga, zavaljenog u fotelju, iskrsnu kvadrat vizit-kartice – ispisan gotskim slovima na čvrstom kartonu:

Baron
JERONIMUS fon MINHAUZEN
Isporuka fantazija i senzacija.
Svetom neopterećen
Firma postoji od 1720.

Pet redaka, viseći neko vreme u vazduhu, izokrenuše se u dugim baronovim prstima i iščezoše. Klatno zidnog sata nije stiglo da se zanjiše ni desetak puta, a priča ponovo krenu.

– Za vreme pauze, koja je trajala koliko i ova, uspeo sam da primetim da se izraz na licu diplomate menja u moju korist. Dok su mu misli prelazile iz gornje u donju premisu, ja predusretljivo ponudih zaključak: „Nećete naći čoveka koji vam je od mene potrebniji. Verujte časnoj reči barona fon Minhauzena. Uostalom..." – i ja otvorih svoj *in-oktavo,* spremajući se da se povučem, da tako kažem, iz jednog sveta u drugi, kad me diplomata naglo uhvati za lakat: „Zaboga, molim vas..." Pa dobro, razmislivši malo, reših da ostanem. I moje staro stanište, evo tu – između šezdeset osme i šezdeset devete, želite li možda da bacite pogled – opuste: na duže vreme, verujem, ako ne zauvek.

Unding pogleda: na otvorenoj stranici, između razmaknutih pasusa od finih štamparskih redova – duguljast okvir: ali u okviru je samo prazna bela površina lista knjige – ilustracija je nestala.

– I eto. Moja karijera, kao što vam je, verovatno, poznato, počela je skromnim sekretarskim poslom u jednom od poslanstava. A zatim... uostalom, mala kazaljka nas rastavlja, najdraži Undinže. Vreme je.

Baron pritisnu dugme. Na vratima se pomoliše lakejevi bakenbardi.

– Dajte da se obučem.

Bakenbardi – na vrata. Domaćin se diže. Gost, takođe.

– Da – oteže Minhauzen – skinuli su mi kamzol i odsekli kiku. Neka. Ali, zapamtite, dragi moj, doći će dan kada će ovu starudiju (dug prst, na kome zablista mesečev oval, proročki pokaza na otvoren orman), evo ovu trulež, pošto je skinu s kuka, u svečanoj povorci, na jastucima od brokata, kao svete relikvije, odneti u Vestminstersku opatiju.

Ali Unding skrenu pogled u stranu:
— Parafrazirali ste samog sebe. Odajem priznanje — kao pesnik.

Mesečev kamen se spusti nadole. Neočekivano za gosta, domaćinovo lice, postajući nekako odjednom vekovima starije, nabra se u sijaset bora, koje su se smejale, oči zaškiljiše kao kakve uske, lukave pukotine, a tanka usta, otvorivši se, otkriše duge, žute zube:

— Da-da. Još u ono vreme kad sam boravio u Rusiji, nastala je o meni poslovica: „Svaki baron fantazira na svoj način." „Svaki" — to su kasnije dodali — imena se, kao i sve ostalo, gube. U svakom slučaju, tešim se nadom da sam više i bolje od svih drugih barona iskoristio pravo na fantaziju. Zahvaljujem vam, kao pesnik pesniku, takođe. — Suvi dlan čvrsto steže Undingove prste. — I kako vam drago, prijatelju: možete da verujete ili ne verujete Minhauzenu i ... u Minhauzena. Ali, ako posumnjate u stisak moje ruke, jako ćete uvrediti starca. Zbogom. Da, još nešto: mali savet: ne streljajte očima sve i svakog: jer ako prostrelite bure — vino će iscuriti, a pod obručima će ostati samo tupa praznina koja odzvanja.

Unding se osmehnu na pragu i izađe. Baronu donesoše odeću. Elegantni sekretar, hitro uđe u sobu, udari petom o petu u pozdrav i pruži svom gazdi tešku torbu. Namestivši rever fraka, Minhauzen preleti palcem i kažiprstom leve ruke po rubu fascikli, koje su štrčale iz torbe. Promakoše pred očima: zapisnici Lige Naroda, originalni dokumenti o Brestovskom miru, stenogrami sa zasedanja konferencije u Amsterdamu, Sevru, Vašingtonskog, Versajskog, te ovog, i ovog i onog ugovora i pakta.

S gnušanjem zažmirivši, baron Minhauzen uhvati torbu za dva donja ugla i svu sadržinu istrese na pod. I dok su sekretar i sluga skupljali hrpe papira, baron priđe knjizi od safijana, koja je strpljivo čekala na naslonu za ruku, na fotelji; knjiga nestade u ispražnjenoj torbi koja se, uz glasno škljocanje za njom, zaklopi.

II Poglavlje
DIM DIŽE BUKU

Ispod Undingovih nogu najpre pojuriše stepenice, zatim, kroz poderane đonove – vlaga asfaltnog trotoara. Iza leđa zatrubi baronov auto i, poprskavši pešaka blatom, jurnu s dva žuta oka kroz maglovit prolećni sumrak.

Podigavši okovratnik kaputa, Unding prođe kroz bučan zasvođen prolaz, ispod četiri niza šina, koje su visile u vazduhu, te pođe širokom pravom bivše Kraljeve ulice. S desne strane ukazaše se kamene kocke, lukovi i strehe dvorca. Po staklastoj sluzi asfalta, utabanog točkovima, protezali su se – poput niske ljubičastih perli – odblesci svetiljki: s ispusta na dvorcu, obavijenog florom sumraka, visile su zastave revolucije, mokre od kiše. Zatim, s desne i leve strane, promakoše gvozdene klupe Unter-den-Lindena – a u susret izbi – bronzanim kopitama gazeći vazduh – crni četvoropreg Brandenburške kapije.

Imao je još dosta da ide. Kroz dugi Tirgarten, a zatim duž Bizmarkštrase, prošavši na desetine raskrsnica do Šarlotenburga u predgrađu. Vlažan i zadimljen vazduh ostavljao je utisak njegove jeftine i loše imitacije; činilo se da će naduta stakla svetiljki svakog časa početi da se penju, kao mehurići od pene, a da se na krovove i pločnik poput nečujnog odrona survava mrak. Golo drveće Tirgartena, koje poče da promiče kraj prolaznikovih koraka, podseti ga na šumarke, unakažene granatama, zatim vođen asocijacijama, prenese se u mislima na raskršća čitavih ulica od rovova. Pešak se zaustavio i, osluškujući, razmišljao da huka grada – tamo, iza Tirgartena, podseća na tutnjavu artiljerijske bitke, koja se udaljava. Pod palcem i kažiprstom desne ruke, koji su još pamtili nedavni dodir Minhauzenovih prstiju, iznenada jasno oseti, skoro opekavši kožu, metal zatvarača od puške, usijan od pucnjave.

– Opsena – promrmlja Unding, posmatrajući zvezde, svetiljke, drveće i zastor od aleja pred sobom.

Nečija lelujava senka, kao da su je oslovili po imenu, bojažljivo se približi pesniku. Pod pokislim kalupom šešira, glađu i rumenilom istaknute jagodice: prostitutka. Unding skrenu pogled i produži. Najpre je pokušao da pronađe deminutiv za naziv fantazmagorija. Ali ni nastavci „hen", ni „lajn" nisu išli. Tada, osluškujući ritam svojih koraka, po navici, s naporom poče u sebi da obrće asonance i ritmove, i spoljni mir postade za njega kraći od oboda njegovog filcanog šešira – i dirke neme klavijature od reči se pokrenuše.

Udarac ramenom o nečije rame prekide strofu: ispustivši rime, pesnik podiže pogled i osmotri ulicu. Ulaz u svoju zgradu je prošao. Odjednom oseti: u kolenima, poput teških tegova – umor. Unding zlovoljno izračuna u sebi: dva puta dvesta – ukupno četristo koraka čistog gubitka; i to je sav honorar.

Ernst Unding ni u kom slučaju nije čitao novine svaki dan. Doduše, posle oproštajnog razgovora s Minhauzenom, nalete na belešku od tri reda o članu diplomatskog kora, baronu fon M., koji je – poslom

koji nije za objavljivanje – otputovao ekspresnim vozom u London. I nedelju dana kasnije, krupna slova novinske depeše izveštavala su o uspešnom zastupništvu fon M. u uticajnim krugovima u Engleskoj. Ostala slova iz imena kao da su nestajala u londonskoj magli. Unding s osmehom odmaknu novine. Naredne informacije ga mimoiđoše: Unding se prehladio i pao u postelju, isključivši se na pet ili šest nedelja iz svih događaja. Kada se bolesnik oporavio do te mere da je mogao da dođe do prozora i otvori krila, iza stakala ga zapljusnu sunčani prolećni vazduh. Dole, odbijajući se o zidove, prekidajući jedan drugog – glasovi prodavaca novina. Nagnuvši se kroz prozor, Unding začu – najpre završetak povika, zatim početak, zatim sve:
– Senzacionalno! Baron Minhauzen o Karlu Marksu!
– Minhauzen o...
Navali vetar. Rekonvalescent zatvori prozor, i teško dišući spusti se na stolicu. Nečujno se pomakavši, usne izgovoriše:
– Počinje.
U to vreme barona Minhauzena, koji je srećno doputovao u London, izuzetno ljubazno su, po njegovim rečima, primile tamošnje magle. Magle su mu verno i pokorno služile. Umeo je njima da puni glave do samog temena, veštije od iskusne mlekarice, koja sipa svoju robu u kante.
– Ako konjima i biračima – govorio je baron u uskom krugu prijatelja – ne stavite naočnjake, neminovno će vas izvrnuti u jarak, i ja sam uvek bio poklonik Tenijersove tehnike, koja omogućava da crno postane belo, a belo se zbliži s crnim: preko sivog. Neutralni tonovi u slikarstvu, neutralnost u

politici, i neka se svaki Džoni, Mihael i Žan beči u maglu: šta je to tamo – mesec ili svetiljka?

Uostalom, ovi paradoksi retko su prelazili prag dvospratne kuće na Bejsvoter roudu, u kojoj se baron smestio. Namerno je izabrao kuću nešto dalje od tutnjave Čering-Krosa, koji je jedne ljude razmenjivao za druge. Iza kuće su prostrane i ne odveć bučne ulice Padingtona, a prozori gornjeg sprata gledaju – preko duge, vijugave ograde – na ćutljive aleje Kensingtonskog parka: zimi na njegovom drveću leži sneg, poput smotuljaka od vate, a leti, ispod drveća, pokapan mastiljavim mrljama senki – pesak na stazama, boje šafrana.

Smestivši se ovde, baron Minhauzen je pre svega naredio da se prekopa malen vrt, koji se šarom svog tepiha od cveća i ošišane trave pripio uz crvene cigle kuće, i svojeručno posadio seme pasulja-višnjaka, koje je doneo u posebnoj, starinskoj kutiji na dnu kofera. Dva do tru puta zaliven, pasulj je počeo neverovatno brzo da se uvija svojim spiralama po zidu sve više i više. Još u podne bio je u visini prizemlja, a uveče, kada se kroz plavičasto-sivu maglu probio mutan mesečev srp, tanke zelene vitice već su se pružile do prozora kabineta na drugom spratu, u kojem je domaćin u to vreme radio, primakavši zelenom senilu lampe nekakve stare, sitno ispisane beležnice. Spirale pasulja mrdale su tankim nitima svojih vitica, otvoreno ih upirući ka mesečevom srpu. Ali Minhauzen oštro osmotri skitnice i, pripretivši im prstom, reče:

– Zar opet?

I ujutro, začuđeni prolaznici su, odmahujući glavom, gledali bujne izdanke, koji se, dopuzavši do samog krova, odjednom opustiše u vidu zelene spiralne nadstrešnice nazad ka zemlji. Od tog dana kuću na Bejsvoter roudu prozvaše „vilom pomahnitalog pasulja".

Dnevni raspored barona Minhauzena potvrđivao je reči popularnog američkog pisca: „Duhovne vođe čovečanstva rade najviše dva sata dnevno, pritom ni u kom slučaju ne rade svaki dan." Obično bi, ustavši iz postelje, baron prelistao novine, popio šoljicu kafe *mer-vaje* i, popušivši lulu, skinuo noćne papuče i obuo špicaste štivletne[1]. Zatim bi usledila šetnja. Prvo bi išao pešice: prošao bi kroz ozeleneli Kensington od severne do zapadne kapije. Voleo je da posmatra titranje šarenih zraka po stazama, gradove od peska, majušne punoglavce, kojima stare mis – koje se nisu preobratile u misiz – čitaju bajke iz knjiga sa velikim slovima i slikama u boji. Sleva je sive krljušti izvijala Zmijska reka. Zdesna – u susret koracima – kroz paučinu grana – spomenik Petru Panu, koji nije postojao. Kraj zapadne kapije čeka limuzina. Šofer Džoni otvara vrata i baron, zalupivši vratima – uobičajeno:

– Do najvećma najnepostojećeg.

Džoni – „razumem". I limuzina, obišavši ogradu Kensingtona i Hajd parka, okretom volana ulevo, priključi još četiri točka hiljadama točkova koji su klizili duž Pikadili ulice, zaodenute u staklo i kamen. A tamo, na Strendu – zdesna, maglu nad krovovima paraju – kule Templa i okrugla kupola Sv. Pavla. Kraj stepenica katedrale Džoni ponovo otvara vrata: stigli su.

Baron udeljuje prosjacima novac i ulazi u hram. Najčešće posećuje čuvenu Galeriju šapata, u kojoj se i najmanji šum jedva čujne reči rasprostire stotinu stopa; ali, ponekad se uputi do veličanstvenog

---

[1] Duboka cipela. (nem.) – *Prim. prev.*

mermera Velingtonove grobnice. Tu je uvek gomila turista koji bacaju poglede na akante kapitela, kićanke baldahina i slova, urezana u kamen. Ali, Minhauzena zanima nešto drugo. Pozvavši ministranta, on pokazuje prstom na alegorijske figure, koje su se izgubile u detaljima nadgrobnog spomenika:

– Šta je ovo?
– Verodostojan prikaz Istine i Laži, ser.
– A koje je Istina? – žmiri baron.
– S vašim dopuštenjem, evo ovo.
– Prošlog puta, ako se dobro sećam, rekli ste da je to Laž – namiguje baron, i desna obrva mu se izvija naviše. Tad ministrant, već svikao na hirovitost posetilaca, zna da je kucnuo čas kad treba da obrati pažnju ne na Istinu, niti na Laž, već na srebrni šiling, koji sevnu u ruci bogatog posetioca, da se zatim zahvalno nakloni i izgubi se. Iz katedrale Minhauzen izlazi vedra, gotovo ozarena lica, i stavivši nogu na stepenik auta, obično izgovara:

– Kad god da dođeš kod Boga, nikada ga nema kod kuće. Da probamo kod nekog drugog.

Izgovara adresu – i Džoni okreće volan ili udesno, prema Paternoster stritu, ili ulevo – prema užurbanom Flit stritu, koji rastura slova po čitavoj zemlji; odavde se već, uz škripu točkova limuzina, pružaju – čas ovaj, čas onaj – londonski radijusi od dvadeset vrsta.

Uzvrativši dve-tri posete, baron pokazuje glavom šoferu: kući. Vraćaju se najčešće kroz siromašne kvartove Ist Enda. Prljave kuće liče na presovanu maglu, ali čovek, zavaljen na kožne jastuke u limuzini, veruje da se na svetu ne može rasterati, niti vetrovima oduvati jedino – beda.

U „vili pomahnitalog pasulja" novinari već čekaju na intervju. Njihove olovke počeše da šaraju. Minhauzen strpljivo i ljubazno odgovara na sva pitanja.
– Moje mišljenje o parlamentarizmu? Molim: upravo juče sam završio proračun količine mišićne snage koja je bila potrebna da bi svi govornici u Engleskoj podigli i spustili jezik: uzevši po tri oponenta na jednog referenta, računajući Gornji i Donji dom, pomnoživši broj godišnjih zasedanja sa brojem godina, računajući od hiljadu dvesta šezdeset pete do hiljadu devetsto dvadesete, uključivši i frakcije, komisije i potkomisije, i preračunavši sve to u pudo-stope i konjske snage, dobićemo – zamislite samo – električno pražnjenje dovoljno da se izgrade dve Keopsove piramide. Kakvo veličanstveno dostignuće. Ko bi to pomislio. I posle socijalisti tvrde da mi ne znamo šta je fizički rad.
– Moja taktika borbe? Na socijalnom planu? Veoma jednostavna. Do krajnosti. Čak su i afrički divljaci znali da je formulišu. Da, da: na jezeru Viktorija postoji vodopad; kada mu prilazite – na kilometre se čuje buka; kad se priđe – vidi se ogroman oblak vodene prašine – od neba do zemlje. Divljaci su ga prozvali – Musi-o-Tunja, što znači: dim koji pravi buku. Eto.
– Da li ste to videli, ser? – raspituje se reporter.
– Video sam neviđeno: što je mnogo dalje. I uopšte, smatram – zapisujete? – da su stvarne samo dve sile: buka i um. I ukoliko bi se one jednom udružile... Uostalom, hajde da na tome završimo.
Baron ustaje, novinari sklanjaju beležnice i pozdravljaju se.
Sluga zatim saopštava: ručak je poslužen. Među brojnim jelima tu su uvek i njegove omiljene pe-

čene patke. Zasitivši se, baron prelazi u kabinet i seda u fotelju; dok se sluga muva oko ispruženih baronovih nogu, izuvajući mu štivletne i obuvajući patike od fine dlake, baron dobroćudno žmirkajući, u sitoj kontemplaciji promatra kako tamo, iza okna, londonska kiša senči zeleni pejsaž parka. Nastupa vreme, koje se u „vili pomahnitalog pasulja" obično naziva vremenom popodnevnog aforizma. Na vratima, nečujno hodajući, pojavljuje se otmena mis i, izvukavši iz ćoška stočiš s pisaćom mašinom, stavlja prste na tastaturu. Minhauzen ne započinje odmah s diktiranjem: najpre dugo sisa svoju lulu, prebacujući je s jedne na drugu stranu usta, kao da bira na kojoj će strani da puši, a na kojoj da govori. Baron puši osobito: najpre kruže plavičasto-beli elipsoidi, zatim, oko njih, poput Saturnovih prstenova – jedan se okrećući udesno, drugi ulevo – lagano vijuga dim:
– Pišite. Stari limburški sir ni za kim ne žali, a ipak plače.
– Pre nego što školjka uspe da stekne mišljenje o ukusu limuna, već je pojedena.
Gusti riđi uvojci skrivaju uši mis, ona sedi, okrenuvši leđa aforizmima, zagledana u kose linije kiše, prsti udaraju po tipkama, kiša udara po staklu – i diktiranje se nastavlja sve dok baron, istresavši pepeo iz lule, ne kaže:
– Zahvaljujem. Sutra – kao i obično.
On pokušava da ustane, ali od dremljivosti telo mu je otežalo, misao se pomutila – i java, zajedno sa riđokosom mis, nečujna koraka napušta sobu.
A pod sklopljenim kapcima nižu se slike: automobil u snu vozi Minhauzena ulicama iz sna; strašno su puste i neme, te nijednom ne zatrubivši, Džoni zaustavlja škripu guma kraj kolonade Sv.

Pavla. Minhauzen već pruža nogu ka stepeniku, kad katedrala iznenada poče da se kreće, saginje glavu pod džinovskom, okruglom kapom, koja krstom para vazduh, leđa na dve vode se saginju i klateći svojim jezicima od zvona čudovište viknu: „Ser, kako da stignem do Savla, pravo, nigde da ne skrećem?" Žustri Džoni upali motor i naglo okrenuvši volan – strugnu nazad; ali čudovište, koračajući na svojih dvanaest džinovskih stubova i uz tutnjavu vukući svoj dugi, kameni trup – krenu u stopu za njima. Menjač, uz škripu, gurnu ručicu do kraja. Ali neman, hitro prebirajući svojim stubastim nogama, sve je bliže i bliže. Kola u punoj brzini skreću u neku usku ulicu Ist Enda. Katedrala pokušava da se probije za njima, proturajući svoje pravougaono kameno rame u pukotinu ulice. I u tom trenu Minhauzen, poskočivši na sedištu, viknu stotini kvadratnih očiju, koje su se pružile s leve i desne strane: „Hej, vi, šta blenete, ne puštajte je!" I kuće na prvi poziv, poslušno primičući jedna drugoj prozore, preprečuju katedrali put; s uzdahom olakšanja, baron se zavali na jastuke, ali u taj čas ugleda samrtnički bledo Džonijevo lice, okrenuto ka njemu: „Šta ste to uradili! Gotovi smo." I zaista, baron tek sada spazi da su kuće ubogog Ist Enda, ostavši bez razmaka, pribijene jedna uz drugu, cigla uz ciglu, obrazuju jednu, tek brojevima ulaza, deljivu masu: i čim se ove pozadi primakoše jedna drugoj, kutije od cigli u pročelju behu prinuđene da urade to isto – i ulica lagano primiče zidove, preteći da spljeska i automobil, koji juri, i one koji su u njemu; osovine kola malo-malo pa očešu zidove, brže – napred se svetli trg, ali kasno je – džinovski valjak prikleštio je auto između višespratnih kutija, i on nemoćno bruji, njegovi metalni blatobrani i karoserija pucaju kao oklop insekta koji se našao između đona i tla. Udarcem noge Minhauzen izbija prozorski ram koji se nadneo nad njim s desne strane i uskače u kuću. Ali siroti Džoni nema sreće – u procepu je između dva prozora – ulica nalete ciglom o ciglu – kratak krik, prigušen udarom gromade o gromadu – sve utihnu. I odjednom iza njega: „Staklorescu ćete vi platiti, mister." Minhauzen se okreće – nalazi se u siromašnoj, ali čistoj sobi; na sredini je kuhinjski sto, za stolom, nad činijom koja se puši – stariji čovek bez sakoa, koščata žena, nezdravo rumenih obraza, i dva mališana; klateći noge na klupi, s kašikama, zastalim u ustima, deca s oduševljenjem posmatraju pridošlicu. „I moram da vas upozorim – staklo je poskupelo – nastavi muškarac, mešajući sadržaj činije. – Tome, primakni stolicu misteru, neka sedne."

Ali Minhauzen ne namerava da sedne: „Kako možete da sedite tu, kad je Savle sada Pavle, ulice nema, i uopšte ničega nema." Muškarac se, na Minhauzenovo čuđenje, ne iznenadi: „Ako se ničemu doda ništa, opet će se dobiti ništa. A onom, mister, ko nema kud da ide – šta će njemu ulica. Jedite, deco, hladi se."

Baron, kao da se novi zid nadneo nad njim, uzmiče ka vratima, oborivši ljubazno primaknutu stolicu, pa niz stepenice: kvadrat kuće između četiri zida. „A ako i ovi iznenada?" Što pre pod nisku kapiju: opet kvadrat između četiri nadneta zida; na kapiju nižu i užu – i opet kvadrat između još zbijenijih zidova. „Prokleta šahovska tabla" – šapuće uplašeni Minhauzen i u taj čas ugleda: usred kvadrata – na ogromnoj okrugloj nozi, s nakostrešenom crnom lakovanom grivom – šahovska figura konja. Ne časeći časa, Minhauzen zaskače na snažan vrat konja; konj strignu drvenim ušima, a Minhauzen, hvatajući kolenima klizavi lak, oseća: jednonoga šahovska figura, savivši se, skače – napred, opet napred i u stranu, ponovo napred, napred i u stranu; zemlja čas nestaje pod njim, čas, zamlataravši šiljcima i krovovima, udara u okruglu stopu konja; ali na stopu je – Minhauzen se toga dobro seća – zalepljen mek filc – mahnita trka se nastavlja: – promiču – najpre trgovi, zatim kvadrati polja i kocke gradova – sve dalje i dalje – napred, napred, u stranu i napred; okrugla stopa udara čas o travu, čas o kamen, čas o crnu zemlju. Zatim se fijuk vetra u ušima stišava, skokovi konja postaju kraći i sporiji – pod njima je glatko, snežno polje; studen udara s njegovih smetova; konj, iskezivši crnu čeljust, napravi još jedan, pa drugi skok i stade nasred ledene ravnice – filcom zalepljena noga zamrznu se u snegu. Šta sad? Minhauzen pokušava da ga potera: „Na g8-f6; f6-d5, do đavola, d5-b6" – viče on, prisećajući se „Aljehinove odbrane" u vidu cik-caka. Uzalud! Konj je završio sa hodanjem: drveno kljuse je završilo svoje. Minhauzen plače od besa i muke, ali suze se mrznu na trepavicama, od studeni ni tren ne može da se stoji – i, trljajući dlanovima uši, on korača – napred, napred i u stranu, i opet napred, još jednom napred i u stranu, pokušavajući da nađe makar jednu jedinu mrlju na snežno belom čaršavu, koji uredno, bez i jednog nabora, prekriva ogroman, samo horizontom obrubljen sto. I, odjednom, vidi: tamo, ispred, klizeći poput lake senke, nekakva duga, bodljikava i okretna stonoga – sva od zašiljenih gotskih slova. Minhauzen lovi pogledom crnu nisku slova i čita ih: to je njegovo ime. Minhauzen se koči od zaprepašćenja. Za to vreme sedamnaestoslovno BARON fon MINHAUZEN ne gubi vreme: uvijajući se slogovima, ono iznenada lako otpuza prema graničnom stubu, koji se pomolio iz zemlje: na stubu je daska, a na dasci oznaka. S mukom odvajajući noge koje mu se lepe za zamrzlu zemlju, Minhauzen krenu za imenom koje je uzmicalo. Ali, ime je već domilelo do stuba i rampe, koja se svojim crvenim i belim prugama dizala nad belom ravnicom, i okreće se da baci pogled na progonitelja – je li daleko? U tom trenutku – Minhauzen jasno vidi – rampa se brzo spušta; belo-crvene trake udariše osmo slovo, i ime, poput zmije presečene nožem, bolno izvija razdvojene slogove: MINHAUZEN – s one strane stuba, BARONFON – s ove. Uzdigavši se na N, iz koga curi mastilo, siroto BARONFON juri tamo-amo, ne znajući šta da čini. Minhauzen prelete pogledom sa slova na snegu na oznaku na graničnom stubu: SSSR. Na tren zastade, širom otvorenih usta, zatim – pomisli: ostaviti ime i dati se u beg. Ali, đonovi cipela već su mu se zamrzli za sneg. On vuče najpre desnu nogu, zatim trže levu – iznenada, četvoroslovlje na granici se pomače – užasnuti Minhauzen iskoči iz svojih cipela i samo u čarapama pođe po ledenoj kori; studen ga hvata za pete, u očajanju on trči tamo-amo i... budi se.

Desna patika je skliznula s noge, pod petom je prohladan, voskom namazan parket. O okna kabineta udara kiša, ali tanke linije mlazeva prekrio je mrak. Kukavica na kaminu zakuka sedam puta. Baron fon Minhauzen pruži ruku ka zvoncetu.

„Vila pomahnitalog pasulja" pali svetla i sprema se da dočeka večernje goste. Dole o hrastova vrata jednom, drugi put zalupa zvekir: prvo se pojavljuje kralj berze, minut kasnije – diplomatski as. Potom – stara lejdi, koja se posvetila spiritizmu, i

kad su se, najzad, na pragu pojavili otromboljeni brkovi lidera radničke partije, Minhauzen, srdačno ustajući, umesto pozdrava, uskliknu poput igrača kome ide od ruke:
— Kruna do žandara. Pridružite nam se u igri, molim. Samo ste nam vi nedostajali.

Ali, pored onih koji su nedostajali, dolazi i bivši ministar bez portfelja, koga udobna kuća dočekuje, ipak, isto tako srdačno i toplo.

Razmenjuju novosti, ne zaobilazeći ni ložnice, ni parlament, nagađaju o predstojećim postavljenjima, događajima u Kini; s ministrom bez portfelja baron razgovara o jednom portfelju bez ministra, a dama-spiritistkinja priča:
— Juče smo kod Pitšli prizivali duh Li-Hung-Čanga: „Duše, ako si ovde, udari jednom, ako nisi — udari dva puta" i, zamislite, Čang je udario dvaput.

U taj čas, dole, na vratima — dvaput lupnu zvekir:
— Nije valjda Li? — poskoči domaćin, spreman da ljubazno dočeka utvaru. Na vratima je sluga.
— Njegova svetost, biskup Nortumbrijski.

I minut kasnije, ruka, sva u prstenju, blagosilja prisutne.

Razgovor se nastavlja. Sluga donosi sendviče, čaj u porcelanu i vitke čašice s kuminovačom. Neko vreme reči kolaju od usta do usta, zatim njegova svetost, odmakavši šoljicu čaja, zamoli domaćina da nešto ispriča. Uz damino dopuštenje, baron Minhauzen uzima lulu u ruke i, nakašljavajući se, s vremena na vreme, kroz čibuk, započinje priču. I susretljivo načuljene uši slušalaca smesta počeše da otpadaju: savijajući se, najpre na krajevima, zatim duž hrskavice školjki — sve više i više ka unutra, i, kao lišće u jesen, uvo za uvetom, bešumno i tiho, jedno za drugim – pada na pod. Ali pokorni sluga, koji iskrsnu iza leđa gostiju, s metlicom i lopaticom nečujno poče da kupi uši lopaticom i iznosi ih napolje.

– Dešavalo se ovo za vreme mog poslednjeg boravka u Rimu – leluja kolutove dima pripovedačev glas. – Bilo je sveže, jesenje jutro kada sam, sišavši sa stepenica apostolske stolice svetog Petra, prešao trg okružen Berninijevom kolonadom, i skrenuo levo u usku Borgo San Anđelo. Ako ste kojim slučajem tamo bili, verovatno se sećate prašnjavih izloga s *antichita*[1] i trgovaca – komisionara posebne vrste, koji se, dobivši od vas stvar i nekoliko soldi, obavezuju da će vam je za nedelju dana vratiti bez soldi, ali s papinim blagoslovom. Pošto se blagoslov na stvarima ne vidi, narudžbine se ispunjavaju hitro i uvek na vreme. Ovde se za jeftine pare može nabaviti amajlija, zub od zmije koji leči groznicu, rogovi od korala protiv uroka i ceo komplet moštiju – od svetog Franje sve do svetog Januarijusa – uredno spakovan u apotekarske vrećice. Svratih u jedan takav dućan i zatražih mošti svetog Nikog. Vlasnik dućana prelete prstima po papirnim vrećicama: „Možda će se sinjor zadovoljiti svetom Ursulom?" Odrično odmahnuh glavom: „Mogao bih sinjoru da ponudim svetog Pačeka: veoma retke mošti." Ponovih svoje *„Der heilige Niemand"*[2]. Trgovac, očigledno, beše častan čovek – on raširi ruke i tužno priznade da traženog u njegovom dućanu nema. Htedoh da se okrenem vratima, kad mi iznenada pažnju privuče predmet koji je stajao u uglu police: bila je to majušna crna kutija, ispod čijeg su poluotvorenog po-

---

[1] Antikviteti. (ital.) – *Prim. prev.*
[2] Sveti Niko (nem.) – *Prim. prev.*

klopčića štrčali žuti pramenovi nakostrešene kučine. „Šta je to?" – okrenuh se ka polici i uslužni prsti prodavca moštiju odmah mi primakoše robu. Ispostavilo se da je to bilo parče nedogorele kučine sa obreda rukopoloženja Pija Desetog. Kao što je svima poznato, kada se vrši proglašenje pape, iznad tonzure izabranika pali se parče kučine, uz izgovaranje obrednog „*Sic transit gloria mundi*"[1]. I eto, kako mi se kleo vlasnik dućana, kome nisam imao razloga da ne verujem – za vreme vršenja ove ceremonije nad Pijem, upravo u trenutku izgovaranja obrednih reči, iznenadni nalet vetra oduvao je parče slame, koje je on, kolekcionar rariteta, uspeo da nabavi za izvesnu sumu: „Sinjor može sam da se uveri – otvori kutijicu prodavac moštiju – da je kučina oprljena na krajevima i da se oseća na paljevinu." Zaista je bilo tako. Upitah za cenu. Odredi priličnu svotu. Prepolovih je. On smanji – ja dodadoh; na kraju se kutijica s papinom kučinom nađe u mom džepu. Ja pak – dva sata kasnije – u vozu Rim–Đenova. Ja, vidite, nisam želeo da propustim redovni kongres hrišćanskih socijalista, čija se sednica upravo u to vreme održavala u *Palazzo Rosso*[2], u Đenovi: za ljubitelje neostvarivosti, u koje se usuđujem sebe da uvrstim, posete sličnim skupovima katkad mogu da budu poučne. Prozori u vagonu bili su otvoreni; vlaga broćike u vazduhu, zatim bliže Đenovi, niz tunela, smenjivanje zapare i promaje – nazebao sam i još na polovini prve sednice hrišćanskih socijalista osetih slabost. Trebalo je lečiti se. Zavukavši ruku u džep, napipah kutijicu i setih se da je radikalno sredstvo protiv promaje – vata, a u njenom odsustvu i kučina, stavljena

---

[1] Tako prođe slava sveta (lat.) – *Prim. prev.*
[2] Crvena palata (ital.) – *Prim. prev.*

u uši. Podigoh crni poklopčić i gurnuh u levo i desno uvo po gužvicu papine vate. I istog trena.... Ah, kada bi samo znali šta se dogodilo! Oratori su govorili, kao i pre kučine, usne su se micale, izgovarajući reči, ali ni jedan jedini zvuk, osim otkucaja mog sata, nije dopirao do mojih bubnih opni. Ništa mi nije bilo jasno: ako sam ogluveo, kako onda, ne čujući reči, čujem otkucaje sata; ako kučina, kojom sam zapušio uši, prigušuje zvuke, slabi sluh, kako su onda jaki glasovi tiši od jedva čujnog kretanja kazaljke. Rastrojen napustih sednicu, prođoh kraj usta koja su govorila bez glasa, i radosno se iznenadih kada, našavši se na ulici i ne uspevši još ni da se spustim niz stepenice na ulazu, odjednom kroz kučinu začuh: „*Mancia*"[1]. Reč je izgovorila starica, prosjakinja. Ometajuće dejstvo kučine očigledno je prestalo. U susret mi iz prljavih prnja krenu staričin dlan, ali ja, žureći da proverim svoj zaključak, pojurih nazad u salu za zasedanje. Žurio sam, ali sam sa zaključkom još više požurio: opet se pred očima usta miču, ali, sem tišine – iz usta ne izlazi ništa. Šta to, do đavola – oprostite, vaša svetosti, povlačim đavola – može da znači? Stvaram hipoteze, sve jednu za drugom i odjednom se setih da je kučina, koja štrči iz mojih ušiju, posebna, obredna, koja zajedno s dimom tera i svu *gloria mundi*; i da kroz nju ne može da prođe ništa prolazno, što brine o slavi svetovnoj. Nesumnjivo da je tako bilo. Nisam preplatio trgovcu moštima iz Borgo San Anđela: ali zbog čega se reči zagovornika hrišćanskog socijalizma zaglavljuju u mojoj vati i ne dopiru do sluha.

Utonuo u duboke misli vratih se u hotelsku sobu. Odlučih da do sledeće sednice usavršim svoj

---

[1] Ovde: milostinja (ital.)

filter, koji pročišćava hrišćane od prihrišćana i ne propušta kroz svoje šupljine ništa isprazno. Ovako sam razmišljao: ukoliko nijedna grešna reč ne može da prođe kroz osveštanu kučinu, zastajući u gustom spletu njenih niti, šta će se desiti ako učinim da suva i čvrsta vlakna kučine postanu donekle klizava? Desiće se, i to je sasvim prirodno, sledeće: reči će i dalje, budući spore i grube (svejedno su od vazduha) zapinjati u klizavoj kučini, ali misli, u njima skrivene, usled svoje eteričnosti i tananosti sigurno će ipak uspeti da se provuku kroz vlakna i uskoče u uši. Izvadivši kučinu iz ušiju, pažljivo razgledah obe grudvice: na njihovoj spoljnoj površini uhvatila se prljava skrama. Tragovi referata, očigledno. Očistivši ovaj, takoreći stenogram, pre nego što sam vratio kučinu u levo i desno uvo, umočih je u kašičicu masti, obične, na sveći rastopljene guščije masti. Sat me upozori na to da će se za koji tren nastaviti sednica kongresa. Prolazeći kuloarima začuh nejasne glasove iz sale: znači, već je počelo. Odškrinuvši vrata, proturih u salu uši, nabijene kučinom: kongres je bio na okupu: za katedrom je stajao čovek prijatne spoljašnosti, u besprekornom, do grla zakopčanom redengotu, i sladunjavo se osmehujući, psovao kao kočijaš. Zbunjen osmotrih one kojima su te psovke bile upućene: sala je s divljenjem slušala i stotine glava s odobravanjem je klimalo u taktu s uvredama, koje su na iste te glave pljuštale. Tek pokatkad aplauz bi prekinuo govor i govorniku bi uzvikivali: „kreten", „ulizica", „prevrtljivac", „podlac" – kao odgovor na to, govornik bi stavio ruku na grudi i sa zahvalnošću se klanjao. Ne mogavši više to da podnesem, zapušio sam uši... to jest upravo obrnuto, otpušio sam ih: govornik je govorio o zaslugama kongresa u borbi s klasnom borbom, sa svih strana čulo se „bravo", „iz vaših usta istina izlazi", „tako umesno i pronicljivo". Tek tada shvatio sam da nekoliko grama kučine, spljoštene u mojoj kutijici, vredi koliko i dobar filozofski metod. I odlučih da kroz svoju deglorifikujuću kučinu procedim ceo svet. Skiciravši plan eksperimenata, te noći otputovah ekspresnim vozom za ...

I priča se nastavlja. Kukavica otkucava jedanaest, pa dvanaest, i tek kasno po ponoći Minhauzenova lula istresa pepeo, a domaćin, dovršivši priču, prati goste u hol. Radni dan je završen. I oko „vile pomahnitalog pasulja", svako veče, sežući sve dalje i dalje, uvrću se sve nove i nove spirale: njihove tanke vitice već su prešle Lamanš, preteći da dopru do najudaljenijih zemljinih meridijana. Baronovi aforizmi – on to zna – stoje na stalcima u oba Doma, odmah do stenograma i dnevnog reda; priče i davnašnje zgode, začete uz gust, plavičast dim lule, poput oblaka dima viju se oko „vile pomahnitalog pasulja" da bi, probivši sve stropove, kolale od jezika do jezika sve do ušiju, koje ne čuju. I vukući patike po podu do tople postelje, baron se zagonetno smeška i mrmlja:

– Minhauzen spava, ali njegovo delo ne sklapa oči.

III Poglavlje
KANTOV VRŠNJAK

Iako je baron Minhauzen patike voleo više od štivletni, a dokolicu od rada, uskoro je morao da se oprosti od popodnevnog dremanja i sedenja kod kuće. Dim iz stare lule lako je bilo rasterati dlanom, ali buka koju je dim „digao" narastala je stihijski, kao što nadiru talasi okeana. Telefonsko uvo, koje je ranije spokojno visilo na metalnim viljuškama u baronovom kabinetu, sada se neprestano vrpoljilo na svom postolju. Zvekir na vratima neumorno je udarao o hrastova vrata, telegrami i pisma odasvud su iskrsavali, piljeći svojim okruglim štambiljima u Minhauzena: baronove oči, koje su rasejano klizile preko njih, zapeše nekako za obaveštenje, elegantno odštampano – starinskim slovima na kartonu: grupa poštovalaca moli mnogopoštovanog Jeronima fon Minhauzena da dođe na skup, posvećen dvestagodišnjici rada visokopoštovanog barona. Jubilejski komitet. Splendid-hotel. Datum i sat.

Svečane odaje Splendid-hotela kao zlato su sijale od mnoštva električnih svetiljki. Ulazna vrata s ogledalima, nečujno se vrteći, propuštala su nove i nove goste. U centralnoj, okrugloj sali grb loze Minhauzena, ukrašen draperijama: po dijagonali štita pet heraldičkih pataka – kljun, rep, kljun, rep, kljun –

letelo je, nanizano na nit; ispod poslednjeg repa – latinska slova: *mendace veritas*.[1]

Za dugim stolovima, postavljenim u vidu staroslovenskog slova „m" – frakovi i dekoltei. Članovi diplomatskog kora, ugledni publicisti, filantropi i berzijanci. Mnogo puta su zazveketali pehari, a uzbuđeno „ura" poletelo za čepom ka tavanici, pre nego što je slavljenik ustao. On je taj koji je izgovorio ovu repliku:

– Drage dame i gospodo – poče Minhauzen, prelazeći pogledom preko stolova koji se utišaše – u Jevanđelju stoji: „Na početku beše Reč". To znači: svaki posao treba da se počne rečima. Govorio sam ovo na poslednjoj međunarodnoj mirovnoj konferenciji, dopustiću sebi da to ponovim i pred ovim skupom. Mi, Minhauzeni, uvek smo bili verni podanici fikcije: moj predak, Hajno, učestvovao je zajedno sa Fridrihom Drugim, u krstaškom pohodu, a jedan od mojih potomaka bio je član liberalne partije. Šta se tome može prigovoriti? Istovetan istorijski datum doveo nas je na svet: mene i Kanta. Kao što je to, verovatno, poznato časnom skupu, Kant i ja skoro smo vršnjaci, i bilo bi nepravedno da ga na ovaj, za mene svečani dan, ne pomenem. Naravno, tvorac „Kritike uma" i ja u koječemu se razilazimo: tako, Kantovu postavku: „Spoznajem samo ono što sam uneo u svoje iskustvo", ja, Minhauzen, interpretiram ovako: unosim, a drugi neka pokušaju da spoznaju to što sam uneo, ukoliko za to imaju dovoljno iskustva. Ali, u suštini naša razmišljanja ne jednom su se susretala: tako, posmatrajući kako versajski vod, podigavši puške, nišani u naoružane komunare (bilo je to kraj zidina Per

---

[1] Ovde: istina laži (lat.)

Lašeza), nisam mogao a da se ne setim jednog aforizma starca iz Kenigzberga: „Čovek je čoveku cilj i ništa osim cilja ne treba da bude." Mister Šo – okrenu se besednik kraju slova „m", zatrpanom cvećem i peharima – u jednom od svojih darovitih komada tvrdi da smo kratkovečni samo zato što ne umemo da želimo svoju besmrtnost. Ali ja, neka mi oprosti mister Bernard, idem znatno dalje u potrazi za tajnom besmrtnosti: nije potrebno da sâm želim da produžim svoj život u beskonačnost, dovoljno je da meni, Minhauzenu, drugi požele dug život pa da ja (besednikov glas tu zadrhta) snagom vaših želja krenem Metuzalemovim stopama. Da, da, ne zamerajte, dame i gospodo, u vašim rukama, koje ste ispružili ka meni, nisu samo pehari: otvorili ste mi tekući račun za postojanje. Danas s računa skidam dvesta. Nadalje – kako vam drago: potvrdite račun ili ga ugasite. Zapravo, treba samo da me istresete iz zenica, ja sam nišči, kao sušto ništa.

Ali poslednje reči proguta talas aplauza, zazveča kristal o kristal, na desetine dlanova potražiše šake slavljenika, koji je jedva stizao da uzvrati osmehe, klanja se i zahvaljuje. Zatim stolove odmakoše uza zidove, violine i čegrtaljke zasviraše fokstrot, a slavljenik, u pratnji nekoliko ćela koje su se dimile, prođe u sobu za pušenje kraj parova koji su plesali. Tu zbiše fotelje u krug i jedno diplomatsko lice, naganuvši se slavljeniku nad uvo, ponudi nešto poverljivo. Bio je to, kako će se kasnije pokazati, važan momenat. Kao odgovor na ponudu, Minhauzenove obrve se izviše naviše, a kažiprst s mesečevim kamenom na trećem zglavku kliznu niz uvo, kao da pokušava da opipa reči. Tad lice, primakavši se još bliže, reče neku cifru. Minhauzen se kolebao. Lice dodade cifri nulu. Minhauzen se i dalje kolebao.

Najzad, prenuvši se iz razmišljanja, zaškilji na mutan sjaj ovala mesečevog kamena koji mu se ukaza pred očima, i reče: – Već sam pohodio te krajeve pre nekih sto pedeset godina i ne znam, zaista... zanjihali ste klatno – koleba se ono između da i ne. Ja, naravno, nisam čovek koga je moguće uplašiti i, da tako kažem, izbaciti iz sedla, i čak iskustvo mog prvog putovanja u zemlju varvara, čiji se naziv ovde upravo čuo, ser, daje dobar materijal za donošenje suda i o njima i o meni. Uzgred, ako zanemarimo neke manje publikacije, ovaj materijal je do dan-danas ostao neobjavljen. Do mog susreta s Rusijom došlo je još za vladavine moje pokojne prijateljice, carice Katarine Druge, ali, ja se udaljavam od pitanja, koje mi je bez okolišanja postavljeno.

Ali diplomatsko lice, dobro procenivši situaciju, dade znak susedima, i ovi pokazaše na svojim licima predanu pažnju:

– Molimo vas.
– Veoma bih želeo da čujem...
– Sav sam se u uvo pretvorio.
– Slušamo.

Neko, nižeg zvanja, zamahnuši peševima fraka, potrča ka vratima i zamlatara rukama na plesače: fokstrot se preseli u drugu salu. Baron poče:

– Dok je naša diližansa prilazila granici ove čudnovate zemlje, pejsaž se najednom preobrazi. S ove strane graničnog stuba drveće je bilo sve u cvatu, s one druge strane – pružala su se snežna polja. Dok su uprezali nove konje, zamenismo naše lake putne ogrtače krznenim kaputima. Rampa se diže i... ali neću da pričam o događaju s pesmom, koja se zamrzla u rogu našeg kočijaša, ni o slučaju s konjem, koji osta da visi na zvoniku, i mnogim drugim – svaki kulturan čovek zna ih dobro kao svoj džep ili, recimo, očenaš – zaustavićemo točkove diližanse pred ulazom u prestonicu severnih varvara, tadašnji Peterburg.

Treba da vam kažem da je, čini se, prethodnom diližansom u grad svetog Petra doputovao neki Deni Didro, u svoje vreme prilično poznati filozof: bio je to – po mom mišljenju – krajnje nesnosan filozofoklepac, skorojević iz građanskog staleža, uz to otvoreno naklonjen materijalizmu. Ja, kao što vam je poznato, nisam podnosio i ne podnosim materijaliste, ljude koji vole da podsećaju na to – i kada treba i kada ne treba – da je mirišljiva ambra u stvari ekskrement glavate uljarke, a buket cveća, za kojim svoje lice zaklanja dražesna devojka, u stvari samo svežanj potrganih polnih organa biljaka. Kome zapravo ta glupost treba? Ne shvatam. Ali da pređem na stvar. Na dvor smo primljeni obojica: Didro i ja. Neću kriti: iz početka je carica bila nekako naklonjenija, zamislite samo, ovom nevaspitanom skorojeviću: Didro je mogao, svaki čas narušavajući etikeciju, da se šeta tamo-amo pred samim nosom krunisane sabesednice, da joj upada u reč i čak u žaru prepirke udara je po kolenu. Katarina je, blagonaklono se smeškajući, do kraja slušala njegove najbesmislenije planove: o iskorenjivanju pijanstva u Rusiji, o borbi protiv podmitljivosti, reformisanju manufaktura i trgovine i racionalizaciji ribolova na Belom moru. Bačen u zasenak, spokojno sam čekao svoju priliku i svoj čas. I čim se to škrabalo u odelu umrljanom mastilom prihvatio, uz caričino dopuštenje, unapređenja ribolova, ja sam, takođe, sa zamisli prešao na dela: od tamošnjih lovaca nabavio sam nekoliko lisica, uhvaćenih u klopku, i počeo iza slepih, visokih zidova zadnjeg dvorišta imanja na kojem sam živeo, svoje – ovlaš opisane u mojim memoarima, sećate se? – oglede sa prisilnim proterivanjem lisica iz njihove kože. Sve je išlo da ne može biti bolje, uz to u potpunoj tajnosti. I dok je Didro pokušavao da lovi ribu u zamrznutom moru, ja, izašavši pred caricu, koja se već u izvesnoj meri razočarala u svog miljenika, najponiznije sam je zamolio da prisustvuje javnom izvođenju ogleda koji može da dovede do preokreta u lovu na divljač sa skupocenim krznom. Dogovorenog dana i sata carica i njen dvor došli su kod mene u zadnje dvorište: četvorica kršnih lakeja u livrejama, s korbačima u rukama, i lisica, vezana repom za stub, spremno su čekali da se pojave. Na moj znak korbači poleteše gore-dole, i životinja, trgnuvši se jednom, drugi put, iskoči iz svoje kože, uletevši istog časa u ruke petog lakeja, koji je samo to i čekao. Ko je, gospodo, čitao Darvina, taj zna za izuzetnu prilagodljivost životinja sredini. Iskočivši na mraz, gola lisica poče istog trena da se prekriva sitnim dlačicama, dlačice su se – tu, na naše oči – izduživale u dlake i, ubrzo, obrastavši novim krznom, jadnica prestade da drhti; ali, avaj, samo da bi se ponovo obrela kraj stuba, pod šibama korbača. I tako – zamislite samo – do sedme kože, dok životinja takoreći ne „iskoči" i iz vlastitog života. Naredivši da se strvina ukloni, prostro sam sedam koža, jednu do druge na sneg i, naklonivši se, rekao: „Sedamsto posto čiste dobiti." Carica se mnogo smejala, i dopustila mi da joj poljubim ruku. Zatim mi je predloženo da sastavim pismeni izveštaj o metodama i perspektivama industrije krzna, što sam odmah i učinio. Napisavši na izveštaju „kudikamo", njeno veličanstvo, precrtavši svuda „lisice, lisicama, lisíca", svojeručno je izvolelo napisati: „ljudi, ljudima, ljûdi", kao i „ispravkama verovati, Katarina". Jedinstven um, zar ne?

Pripovedač preleti očima preko kruga osmeha i nastavi:

– Posle ovoga, nos gospodina Didroa izduži se, kao da ga je prikliještio burmuticom baš kad je hteo sa slašću da ušmrkne duvan. Pariski mudrac, navikao da bude familijaran i sa istinom i sa caricom, ostade samo s istinom. Za takve skorojeviće sasvim primereno društvo, ha-ha. Sirotan, nije imao čime da se pokupi kući – morao je, za neke tamo stotine livara, da proda biblioteku: kupila ju je carica. Sledećeg dana, na prijemu, poklonio sam njenom veličanstvu svesku s opisom mojih putovanja i pustolovina. Pročitavši, rekla je: „Ovo vredi čitave biblioteke". Darovana su mi imanja i sto duša. U želji da se odmorim od dvorskog laskanja i nekih okolnosti delikatnije vrste, o kojima neću da pričam, napomenuvši samo da nisam odveć sklon punijim ženama – pođoh da razgledam svoje nove posede. Čudnovat je, vidite, ruski krajolik: usred polja, poput pečuraka sa klobucima, mala porodica brvnara bez dimnjaka, kojekako pokrivenih krovovima; ulazi se i izlazi u kuću zajedno s dimom; iznad bunara, iz ko zna kog razloga, duge rampe, i to često po strani puta; parna kupatila, za razliku od sićušnih straćara, na šest su spratova, koje oni zovu „policama". Ali udaljavam se od teme. U tuđim krajevima često sam se sećao rodnog Badenverdera: špicastih cirkumlfeksa njegovih krovova od opeke, starih, gotovo izbrisanih parola, koje su se crnele na kreču zidova. Gonjen nostalgijom tumarao sam nespokojan, ne bih li ubio vreme, s puškom o ramenu po humovima ritova i trščacima, lovačka torba nikad mi nije bila prazna, i uskoro, slava o meni kao lovcu – štošta je ušlo i u moje memoare, ali čemu ponavljati ono što zna napamet svaki školarac – pronese se od Belih do Crnih voda. Ali, uskoro šljuke i jarebice zameniše – Turci. Da, da, objavljen je rat Turcima, i ja sam bio prinuđen da okačim lovačku karabinku o ekser i u ove ruke, govorim to figurativno, uzmem dvesta hiljada pušaka, ne računajući feldmaršalsku palicu, koju nisam mogao da odbijem, pamteći nekadašnje odnose s caricom. Posle prve bitke, neprijatelju videsmo samo leđa. U bici na Dunavu zaplenih hiljadu, ne, dve hiljade topova; toliko topova da nismo imali kud s njima – prekraćujući vreme između bitaka, pucali smo iz njih na vrapce. U jedno ovakvo ratno zatišje pozvan sam iz štaba u prestonicu, gde je trebalo da mi svečano uruče orden Vasilija Blaženog sa četrnaest zlatnih krstova i brilijantima: stubovi, koji su označavali vrste, promicali su pred očima brže od paoka na točkovima dvokolica, ka kojima sam se s vremena na vreme saginjao sa sedišta. Ulazeći u prestonicu na osovinama koje su se pušile, naredih da konji uspore i, digavši u vazduh trorogi šešir, pođoh ka dvorcu kroz gomilu koja mi pohrli u susret. Klanjajući se levo i desno, primetih da su svi Rusi bez kapa; iz početka, to mi se učinilo kao prirodno ispoljavanje osećanja prema trijumfatoru, ali i posle završetka ceremonije ulaska kočija i primanja počasti, ovi ljudi, bez obzira na hladan morski vetar, i dalje ostaše gologlavi. To mi se učini pomalo neobično, ali vremena za pitanja nije bilo, ponovo poleteše vrste – i uskoro ugledah jednake redove svoje vojske, koja se postrojila da dočeka vožda. Primakavši se bliže, ugledah: i ovi su bez kapa, „Kape na glave" – zapovedih – i hiljadu mu đavola: komanda ne bi izvršena. „Šta to žnači?!" – okrenuh besno lice ađutantu. „To znači" – prisloni on drhtave prste uz obnaženu glavu – „da smo se malo unapred poveselili pobedi, neprijatelja kapama zasuli, vaše Visokoprevash..."

Te noći probudi me iznenadna misao pod zastorom feldmaršalskog šatora. Ustadoh, obukoh se i, ne budeći ordonanse, izađoh na liniju isturenih položaja; dve kratke reči, parola i lozinka, otvoriše mi put ka turskom logoru. Turci još nisu uspeli da se iskobeljaju ispod hrpe kapa, koja ih je zasula, i ja nesmetano stigoh pred kapije Konstantinopolja; ali, budući da mnogo kapa beše prebačeno, i ovde sve beše do krovova zatrpano tučom kapa. Došavši pred sultanov dvor, predstavih se i odmah dobih audijenciju. Moj plan bio je jednostavan: pokupovati sve kape, koje su zasule trupe, žitelje, ulice i puteve. Sultan Mahmud ni sam nije znao šta da radi s kapama koje su pale kao grom iz vedra neba, i meni pođe za rukom da ih kupim u bescenje. U to vreme, jesen pređe u zimu i stanovništvo Rusije se, ostavši bez kapa, smrzavalo, razboljevalo, roptalo, preteći bunom i novim nemirima. Vlada nije mogla da se osloni ni na plemstvo: ćelave senatorske glave zeble su u prvom redu, i vatrena ljubav prema prestolu primetno se hladila iz dana u dan. Tada ja natovarih brodove i karavane svojim kapama i poslah ih kroz neutralne zemlje u mnogoglavu Rusiju; roba je izuzetno dobro prolazila, i što je živa u termometru padala niže, cena je bivala sve viša. Uskoro se na milione kapa vratilo svojim glavama, a ja postadoh najbogatiji čovek u Turskoj, razorenoj ratom i nametima. U to vreme već sam bio blizak sa sultanom Mahmudom, te odlučih da uložim svoj kapital u obnovu zemlje. Međutim, dvorske spletke primoraše sultana da zajedno sa mnom i svojim haremom pređe u drugu rezidenciju: preselismo se u Bagdad, koji beše bogat bajkama i predanjima, ako ne baš zlatom i srebrom. I opet me uhvati čežnja za mojim dalekim, premda ubogim, ali srcu bliskim Badenverderom. I kad počeh da tražim od svog krunom ovenčanog prijatelja da me pusti u otadžbinu, sultan, roneći suze sebi u bradu, reče da neće preživeti rastanak. Tada, u želji da koliko se može skratim vreme razdvojenosti, koje je bilo pred nama, jer ni ja nisam mogao da živim, a da s vremena na vreme ne posetim ognjište svojih dedova i pradedova – odlučih da povežem Badenverder i Bagdad metalnim nizovima šina. Tako nastade projekat Bagdadske železnice, koji, avaj, ne dočeka skoro svoje ostvarenje. Skoro da smo počeli radove, a...

Baron naglo prekinu svoju priču i ućuta, uperivši pogled u svetlucavo oko mesečevog kamena na kažiprstu desne ruke.

– A zašto ste stali na pola puta? – izlete nekom iz usta.

– Zbog toga što – okrenu se na ove reči baron – u ono vreme železnicu, vidite, još nisu izumeli.

Veseli smeh prelete unaokolo. Ali baron ostade ozbiljan. Nagnuvši se ka licu diplomate, dodirnu licu koleno i reče:

– Ophrvale su me uspomene. Pristajem. Putujem. Kako se to kod njih kaže: „Kad je Rus na samrti, Nemac se oseća zdrav kao dren". Ha-ha... – I podigavši glas u susret ušima sa svih strana naćuljenim, dodade: – O, naša heraldička patka nijednom još nije sklopila svoja krila.

Zatim usledi rukovanje, udari petom o petu, a minut kasnije, kraj stakala koja su se vrtela na ulazu u hotel Splendid, vratar je vikao:
– Auto barona fon Minhauzena!
Škljocnuše vrata, truba zapara vazduh, i kožni jastuci, meko se ljuljuškajući, zaploviše u svečanu, zvezdama i svetiljkama obasjanu noć.

IV Poglavlje
IN PARTES INFIDELIUM

Ofert i akcept dobiše službenu formu. Baron je krenuo u zemlju Sovjeta u svojstvu dopisnika dve-tri najuglednije novine, koje su politički kredo u sedmocifrenom broju primeraka isporučivale najudaljenijim meridijanima Ujedinjenog Kraljevstva. Od akceptanta je zahtevano da svoje ime drži u najstrožijoj tajnosti, te broj cilindara, koji su se crneli pod prozorima vagona, stavljenog na raspolaganje baronu fon Minhauzenu, svedoše na najmanju meru, a kodak aparate i novinare potpuno izuzeše. Minut pre signala za polazak, baron se pojavi na platformi vagona: na glavi mu klobuk pohabanog sivog kačketa, ispod zvonastog kaputa presijava se kožna jakna, na nogama – nabrane čizme. Odelo izazva odobravajuće klimanje cilindara, i samo biskup Nortumbrijski, koji je došao da, možda poslednji put, vidi barona, uzdahnu i reče: „*In partes infidelium cum Deo. Amen.*"[1]

Diplomatsko lice, popevši se na stepenik, dade znak putniku – ovaj se sagnu:

– Dragi barone, ne zbijajte šalu s agentima što vršljaju po tuđoj pošti, *plague don't*.[2] Potpisujte se tuđim imenom, nekako to...

Baron klimnu glavom:

---
[1] U krajeve nevernika s Bogom. Amin. (lat.)
[2] Ne dosađujte (engl.)

– Razumem. Zinovjev ili...

Ali voz, zazvečavši odbojnicima, krenu. Prihvatiše lice za laktove, cilindri se podigoše više glava, zavesa na prozoru koji se udaljavao se namače, i neizgovorene – reči zajedno se onim koji ih ne neizgovori – odoše.

Dover. Lamanš. I opet navučena zavesa – mimo debarkadera, ispunjenih zviždukom – odbrojavanje kilometar po kilometar.

Samo jedan čovek na celom kontinentu znao je dan i čas prolaska Minhauzena kroz Berlin. Bio je to Ernst Unding. Ali, pismo koje mu je poslato iz Londona, nije odmah našlo primaoca. Sonetni venac, na kojem je pesnik u to vreme radio, zario mu se u mozak, kao da je od trnja, i doneo zauzvrat nesanicu i nijedan pfening. I uzalud se preganjajući s glađu, Unding je, najzad, bio primoran da prihvati ponudu kozmetičke firme „Veritas" da putuje u svojstvu agenta firme po gradovima i gradićima Nemačke. Pismo je nekoliko dana za redom jurilo za njim, štambilji su se gomilali, dok nije sustiglo primaoca u Insterburgu, na relaciji Kenigzberg-Ajdkunen, tridesetak kilometara od granice. Pismo je stiglo taman na vreme. Uporedivši brojke iz reda vožnje s podacima iz pisma, Unding je lako izračunao da će berlinski voz, kojim je tog dana Minhauzen trebalo da putuje, proći kroz Insterburg u 9.30 uveče. Džepni časovnik pokazivao je 8.50. Plašeći se da ne zakasni na sastanak, Unding se obukao za susret. U utvrđeno vreme, berlinski ekspresni voz dojurio je na peron. Unding brzo prođe duž voza – od lokomotive do repa i natrag – zavirujući u svaki prozor: Minhauzena nije bilo. Minut kasnije voz rastereti šine. U nedoumici, Unding se uputi u stanični biro: da li je to taj voz i kada je sledeći. Biro odgovori: taj je, sledeći na dugim relacijama, za granicu, kreće za dva sata i nekoliko minuta. Unding se pokoleba: poslom je morao onim u deset sati za Kenigzberg, u džepu mu je već bila karta. Poigravši se u ruci malim kartonskim pravougaonikom, overi ga na blagajni i, pošto sede na klupu u staničnoj zgradi, poče pogledom da prati kretanje kazaljke na zidnom satu. Živo je zamišljao skori susret. Prozor na vagonu će se spustiti, pružena Minhauzenova ruka iznad njega – dugi, koščati prsti s mesečevim odsjajem na kažiprstu; dlanovi će se sresti, i on, Unding, reći će da kada na svetu i ne bi bilo druge stvarnosti, osim evo ovog rukovanja, onda... Napolju se začu tutnjava – ekspres. Unding, odagnavši od sebe misli, polete ka izlazu na peron: svetla parne lokomotive se primiču, škripa kočnica – i, opet, duž vagona, do fenjera, koji je poput karbunkula štrčao sa poslednjeg zida, poslednjeg vagona: nijedan prozor se ne spusti, nijedan glas ga ne pozva, ničija ruka ne krenu u susret drugoj. Udari bronza o bronzu i šine ponovo ogoleše. Pesnik Unding je dugo stajao na noćnom peronu, razmišljajući o situaciji: bilo je potpuno jasno – Minhauzen je promenio maršrutu.

Sledećeg jutra, sedeći u jeftinoj sobi jednog kenigzberškog hotela, Unding je na papir nabacivao stihove u kojima se govorilo o dugačkom vozu, od četrdeset-pedeset vagona-godina, s teretom – životom; godine, zveckajući jedna o drugu, savlađuju strme uspone i oštre okuke; ravnodušne skretnice upućuju s jednog na drugi kolosek, zvezde horoskopa, boje krvi i smaragda, proriču propast i blagostanje, sve dok ih katastrofa, raskinuvši sve spojnice između godina, ne razbaca na sve strane duž nasipa, komadajući ih i obesmišljavajući.

Posle ovog, da se poslužimo Undingovim slikama, proleteše dani jedne godine, zazvečavši odbojnicima, poče da se primiče sledeća, s kalendarskom oznakom na plombiranim vratima: „1923", kada se Minhauzenovo ime, koje beše išžezlo iz svih novina, ponovo pojavi na prvim stranicama zvanične štampe u Engleskoj i Americi. Od toga njihovi ogromni tiraži dobiše gigantske razmere. Uostalom, ne samo tiraži: i oči ljudi koji su pokupovali sve dopise barona Minhauzena, postajale su sve veće i veće, kao da je u njegovim izveštajima bilo atropina. I samo jednom paru očiju, s nakostrešenim oštrim trepavicama, pri pogledu na Minhauzenov potpis, suziše se zenice pod crvenim kapcima i mrdnu obrva. Čiji je to par nepoverljivih očiju bio, suvišno je reći.

V Poglavlje
ĐAVO U KOČIJAMA

U to vreme, reči minhauzenijada, kao varnice plamen, širile su od sveće do sveće ime, koje ponovo blesnu, i uskoro se svekolika svetska štampa, sva u lažnom sjaju i šarenilu šljaštećih šljokica, kao božićna jelka okitila žutim jezičcima. Prođe jedna nedelja, pa druga, pa mesec dana – i baronovom imenu novine postaše tesne: iskočivši sa naslovnih stranica, penjalo se ono na stubove s plakatima i ljuljalo u svetlećim reklamama – po asfaltu, cigli i niskim oblacima. Plakati su izveštavali: baron fon Minhauzen, koji tek što se vratio iz zemlje Sovjeta, izveštaj o svom putovanju pročitaće u velikoj sali Kraljevskog društva u Londonu. Mase su nagrnule na blagajne, ali u staro zdanje na Pikadiliju ušli su samo odabrani.

U naznačeni čas za govornicom se pojavio Minhauzen: usta su mu još bila spokojno sitsnuta, ali se šiljata jabučica migoljila među špicevima uštirkanog okovratnika kao čep koji jedva izdržava pritisak šampanjca. Dug aplauz u prepunoj sali primorao je predavača da pogne glavu i čeka. Najzad je aplauz utihnuo. Predavač prelete pogledom unaokolo: pored lakta – čaša i boca vode, s leve strane platno za projektor, uz platno naslonjen lakirani štapić, nalik izduženoj maršalskoj palici. I sa svih strana – s desne, leve i spreda, u susret rečima – stotine i stotine ušnih školjki; čak i mermerni Njutn i Kuk, pomolivši se iz svojih niša, kao da su se, takođe, spremali da čuju izveštaj. Njima je baron Jeronim fon Minhauzen i uputio svoje prve reči.

1

– Ako su nekada kapetana Kuka, koji je krenuo u otkrivanje divljaka, oni pojeli, moja jedra su se, očigledno, našla na udaru milostivijih vetrova: kao što vidite, dame i gospodo, živ sam i zdrav (u sali se promeškoljiše). Veliki britanski matematičar – govornik pruži ruku prema niši s Njutnom – posmatrajući kretanje jabuke, koja je otpala s drveta, odredio je putanju elipsoida po imenu „Zemlja", te gigantske jabuke, koja je nekada, takođe, otpala od Sunca; kad god sam na noćnim raskršćima Moskve čuo revolucionarnu pesmu o „jabuci", koju svi redom pevaju, svaki put sam pokušao da dokučim kuda je to ona, na kraju krajeva, poletela. Da budem precizniji: i doletela.

Ali da pređem na činjenice. Krenuvši u zemlju, u kojoj svi, od narodnog komesara do kuvarice, upravljaju državom, odlučio sam da na svaki način mimoiđem rusku carinu; ne samo u glavi, već i u džepu od jakne nosio sam kojekakve reči, koje nisu za pregled. Do Ajdkunena nisam ništa preduzimao. Ali, kad je vagon u kojem sam se nalazio, prošavši malu tampon-zonu, trebalo odbojnicima da udari o granicu RSFSR-a, odlučio sam da presednem: sa šina na trajektoriju. Kao što vam je, verovatno, poznato, dame i gospodo, u mladosti sam bio u stanju da dresiram ne samo divlje konje, već i topovsku đulad. Osim sadržaja svojih džepova, nisam nosio nikakav prtljag, te sam se brzo dokopao tvrđave na samoj granici, koja je imala ždrela okrenuta ka Federaciji republika: ljubazni komandant, čije je prezime počinjalo na „pštš", doznavši iz dokumenata ko sam, pristao je da mi u potpunosti stavi na raspolaganje čeličnu granatu od osamnaest cola. Pošli smo na betonsku zaravan, koju je, zabacivši unazad zadnji deo lafeta, zakrčilo čelično čudovište. Na komadantov znak, posluga kod topa poče da me sprema za put: otvoriše zatvarač topa, dokotrljaše postolje s kupastom granatom, škljocnu čelik o čelik, i komadant salutira: „Prtljag je utovaren, molim putnika da zauzme mesto." Top spusti dugi zadnji deo lafeta, poput slona kome su deca pružila kolač kroz rešetku – ja skočih na kraj, pažljivo posmatrajući otvor da ne bih propustio pravi trenutak. Zatim, otvor, napunjen gvožđem, ponovo kliznu nagore i Pštš naredi: „Upaljač nula-nula-nula, po RSFSR-u gospodinom baronom... pali!" – i ja, zažmurivši, skočih. Zar već? Ali, kad otvorih oči, videh da sedim ispod gvozdenog slona, a oko mene nasmejane njuške onih istih Pštaša. Da, odmah sam morao da priznam da se tehnika ne može preskočiti: čak je ni fantazija ne može prestići: savremenu granatu nije tako lako osedlati kao staru, tromu, gvozdenu bombu. I, priznajem, tek posle dva neuspešna pokušaja pošlo mi je za rukom da osedlam fijukavi čelik. Desetak sekundi vazduh je zviždao u mojim ušima, pokušavajući da me oduva sa granate; ali ja sam iskusan konjanik i pod stisnutim kolenima nisam puštao njene zažarene okrugle bokove, sve dok udarac o zemlju nije prekinuo let. Taj udarac je bio toliko jak da sam kao lopta, poskočio gore, zatim dole, opet gore, sve dok nisam osetio kako sedim na zemlji. Osvrnuvši se oko sebe, video sam da se trajektorija, na sreću, završila u plastu sena koji se nalazio u močvari; seno je, zapravo, utonulo u humke, ali su humke, poput opruga ublažile udarac, spasavši me ne samo pogibije, već i modrica.

Dakle, granica je za leđima. Skočivši na noge, preleteh pogledom po horizontu. Ravno, nezasejano polje. Niska tavanica od oblaka, tek negde u daljini poduprta desetinom stubova dima. „Selo" – pomislih i uputih se put dima. Uskoro se iz zemlje izbočiše i kuće. Približivši se na domet ljudskog glasa, videh na kraju sela prilike kako se kreću od kuće do kuće, ali ih ne oslovih. Opisavši, kao i ja, svoju putanju, sunce je padalo ka zemlji; u zabitom seocetu palila su se svetla, mirisalo je na ošureno meso, u susret meni vukle su se duge, crne senke, i ja, nehotice zastavši, upitah sâm sebe: treba li jelo da žuri na večeru? Situacija je bila mučna: nemaš koga da pitaš, nemaš s kim da se posavetuješ. Neko drugi bi se na mom mestu sav pomeo: ali u Zemlju Sovjeta nisam došao po savete i, razmislivši malo, znao sam šta da činim.

Stvar je u tome što su moje čizme bile prekrojene od starih lovačkih čizama, naročitih u neku ruku. Pre mnogo godina, kad sam izgubio svog omiljenog psa, što sam jednom već ispričao u svojim memoarima, odlučio sam da svoje srce ne opterećujem novim simpatijama, koje sobom povlače i novi bol od gubitka, i počeo sam da idem u lov bez psa. Jer, psa mogu uspešno da zamene dobre, dresirane čizme – da, da – i pošto se ispraznosti uspomena na mog postradalog psa pridružio i stari reumatski bol koji mi je smetao da hodam po močvarama, ja sam strpljivo i uporno, poput svih iz loze Minhauzena, otpočeo sa dresurom svojih lovačkih čizama. Na kraju krajeva uspeo sam da postignem pozitivan rezultat i moje samotne šetnje s karabinkom o ramenu proticale bi obično ovako: došavši do močvarnog zemljišta, u kojem ima divljači, izuvao bih čizme i, okrenuvši ih vrhom u određenom smeru, govorio: „Traži! Traži." I čizme bi išle s humke na humku, šuškajući kroz trsku i plašeći divljač. Meni je preostajalo samo da sedim na suvom i povlačim oroz. Divljač mi je upadala u sare. Posle ovog, kratko „aport" – i dresirane čizme bi se vraćale da pokorno podmetnu svoje kožne, zvonaste otvore pod gazdine pete.

Tako je bilo i sada: izuvši čizme, okrenuh ih ka selu i – naredih: traži. Čizme, koje su za nekoliko dana ustojale u vagonu, hitro zakoračaše u susret svetlu. Hodale su, izdigavši svoje ušice, čas istežući, čas skupljajući svoje nabore, poput iskusnih i opreznih uhoda. Pratio sam ih pogledom do samog sela. Ali, tada se dogodi nešto nepredviđeno: primetivši kako na njih ide par čizama, grupa ljudi se razbeža, vrišteći od užasa. Iznenada mi sinu misao: pa ja sam u zemlji u kojoj vlada praznoverje i neznanje: šta ako par čizama uspe da ulije strah u ovo selo, pa u sledeće, i ono iza njega – i mi prođemo – par čizama i ja – goneći pred sobom strahom zahvaćene gomile nazadnog seljaštva, koje, zbrisavši pred sobom gradove, zarazivši iskonskim užasom rulju, pustošeći brvnare i dvorce, nagrnu preko Urala? Tad ću, namakavši ušicama đonove na pete, iz nekakvog Krasnokokšajska poslati radiogram: „Osvojih Rusiju golim nogama. Pojačanje ne treba." I, ponesen uspehom, ustadoh, u nameri da razvijem strategiju do kraja, makar i po cenu žuljeva na nogama. Ali, situacija se iznenada naglo promeni: selo koje beše ustuknulo, narogušivši se vilama i motkama krenu, poput divlje, bučne rulje u protivnapad na moje čizme. One pokušaše da okrenu pete, ali već je bilo kasno. Uz urlike, krsteći se stotinama ruku i vitlajući vilama, rulja zatvori obruč. Zatim nastade mûk i ne mogoh da vidim šta se odigrava unutar obruča od ljudi. Primakavši se zarobljenim čizmama što sam bliže mogao, začuh prepirku nekoliko glasova koji ubrzo, ipak, utihnuše pred nečijim tromim staračkim glasom. Pošto saslušaše, svi se raziđoše, ostavivši na mestu događaja samo starca koji, izuvši opanke od like, ne žureći poče da navlači na noge moje čizme. Sačekavši da se starac obuje, sakriven u visokoj travi, isprva tiho zviznuh (čuvši moj glas, čizme se okrenuše ka meni), zatim viknuh „aport". Starac htede da okrene put brvnare, ali ništa od toga: stegavši njegove slabašne noge, čizme zakoračaše njima u suprotnu stranu. Grčevito se hvatajući rukama za žbunje i travu, uzalud je pokušavao da zaustavi čizme – moje verne čizme nastaviše da koračaju nazad ka svom vlasniku, zajedno sa starcem, u njih obuvenim. Siromah, videvši da neće izaći na kraj s jačim protivnikom, pokuša da legne na zemlju, ali čizme, savivši mu kolena, nastaviše da vuku telo poleđuške po zemlji, sve dok se kradljivac ne nađe preda mnom. I ja verujem, dame i gospodo, da će pre ili kasnije sve nacionalizovano da se vrati svojim vlasnicima, kao što su se moje čizme vratile meni. To sam odmah i rekao oborenom starcu, dodavši da je sramota da on, seda glava, menja Boga za socijalizam. Obuzet sveštenim užasom, starac se izvuče iz čizama i otrča u selo, izgubivši usput obojke. Uskoro, celo stanovništvo iz sela izađe u litiji pred mene, prinoseći hleb i so, klanjajući se do zemlje uz zvuke zvona. Prihvatih poziv dobrih seljaka i prenoćih u njihovom selu. Dok sam ja spavao, glas o meni, ne sklapajući oka, švrljao je okolnim selima. Ujutro, pod mojim se prozorom skupila tušta i tma žalilaca i molilaca. Saslušao sam sve molbe i nikoga nisam odbio. Na primer, žitelji nekog seoceta zamoliše me da razrešim davnašnji spor, koji je podelio selo na dve neprijateljske strane. Radilo se o tome da se polovina sela bavila prevozom konjima, a druga – zemljoradnjom. Ali, u građanskom ratu smanjio se broj konja. Upregneš li konje u taljige – ne ostaje ti drugo nego sâm plug da tegliš; ako ih upregneš u plug – sâm ćeš taljige da vučeš. Sećanje mi pomože da rešim ovu tešku parnicu: naredih da mi se donese testera – i jedan po jedan, konji behu prerezani napola, usled čega se njihov broj udvostruči. Prednje noge upregnute su u taljige, zadnje – u plugove i stvar je krenula na dobro. Tako sam se ja borio s nestašicom konja, i da je vlada Sovjeta zauzela moje stanovište, kako u ovoj, tako i u drugim oblastima narodne privrede, izbegla bi godine rasula i oskudice. (*Salom se prolomi aplauz.*) Seljaci nisu znali kako da mi se zahvale. Poklonili su mi jednog dvonogog konja, osedlah ga i nastavij svoj put, krenuvši ka najbližoj železničkoj stanici.

2

Seljaci su me upozoravali da je u blizini železnica nemirno i u mračnoj noći lako je pasti u ruke banditima. Da nisam zalutao u ruskom bespuću, uspeo bih do sumraka da se dokopam stanice. Ali izukrštani kolski putevi vodili su me u krug sve do noći. Polovina konja umorno je prebirala sa svoja dva kopita, kada začuh kako se približava topot mnoštva konja. Bila je to banda. Prepustih stvar mamuzama, ali na dvonogom od četvoronogih ne možeš da utekneš. Uskoro konjanici zatvoriše oko mene obruč: maših se za balčak, ali se setih da mi je mač ostao u Berlinu, u ormanu, na Aleksander-placu. Banditi suziše obruč: pružih ruku ka temenu, odlučivši da se za kosu izvučem iz neodgovarajućeg društva (kao što sam se nekada na isti način izvukao iz močvare), ali, prokletstvo – moji prsti dodirnuše ošišani zatiljak: avaj, nisam imao kuda nego da se predam. I predadoh se. Uostalom, razbojnici mi nisu naneli nikakvo zlo i, uopšte, ponašali su se prema meni srdačno, kao prema svome, i iste noći izabrali me za atamana. Pošto se sve odvijalo noću, u mrklom mraku, ne znam čime su se rukovodili ovi ljudi: možda, instinktom.

Teška srca morao sam da se pokorim: ljudi su dobri dok im ne protivrečiš. Na primer, odnos između mene i vas, dame i gospodo, zasniva se na tome što vam ja ne protivrečim: vi kažete da postojim, dobro, nećemo se raspravljati – ali ako kažete... uostalom, vratimo se na događaje. Ja nisam častoljubiv, i atamanska titula nije mi mnogo laskala: skoro svakodnevno predlagao sam im da me svrgnu, pređu na republikanski način upravljanja i proteraju me, pa eto makar u Moskvu. Banda je na kraju pristala da me pusti, ali pod uslovom da dâm otkup za sebe: u novcu ili dobrom savetu, kako god želim. Pa dobro. Razmislivši nakratko, sastavio sam plan racionalizacije razbojništva. Svakome je jasno da je u razorenoj zemlji položaj trudbenika – „secikesa" (termin, prihvaćen u njihovoj zemlji) veoma nezavidan i tegoban. Danju on mora da se krije u šumi, zazirući od susreta s crvenoarmejskim puškama, i jedino noći bez mesečine pružaju mu mogućnost da se pozabavi, da tako kažem, premeštanjem dragocenosti, da svojim džepom lovi pare koji su se otkotrljale, kao što entomolog svojom mrežicom lovi leptire koji odleću. Tako su sve noći pune mesečine, pružajući parama šansu više da umaknu, bile nekorisne. Tako jedne noći, oblivene srebrom mesečine, izvedoh bandu na ivicu šume i postrojivši je u redove, tri desetine usana naspram meseca, naredih da se duva na nebesko svetilo. Ti ljudi imali su izvanredna pluća (ruski naorod razvija ih, duvajući u svoje samovare): pod vetrom složnog duvanja mesec zatitra, isplazi svoje zelene jezičke i ugasi se. Ostavši iznenada bez mesečine, povorke s tovarima i putnici padoše u naše ruke.

Još nekoliko ponovljenih vežbi i družini nije više bio potreban instruktor. To je poslednjih godina dovelo do niza pomračenja i, uopšte, nedovoljno tačno objašnjenih, tajanstvenih pojava na nebeskom svodu: uzrok leži, kako se usuđujem da ovde, u hramu nauke, izjavim, u jednoj od šuma u pograničnoj Rusiji. Moj prijatelj, Albert Ajnštajn, koga sam zaboravio blagovremeno da obavestim, malo preuranjeno je na osnovu ovih nebeskih anomalija izveo svoje poslednje zaključke: onome što se može ekonomski objasniti, i u tome je Marks u pravu, nisu potrebni astronomski proračuni; tražeći uzroke, nema potrebe kopati po zvezdama, kada se oni mogu naći ovde, pod nogama, na zemlji. I ako se posle nađe neko ko, ne slažući se s rečenim, poželi da piše o „neugasloj mesečini", neka se kloni susreta sa mnom, Minhauzenom: uhvatiću ga u laži.

Govornik, zastavši na tren, nagnu kristal boce ka čaši; u sali je bila takva tišina da se i u poslednjim redovima čulo klokotanje vode u grliću.

3

Trideset pušaka salutiralo mi je na rastanku. Ostavivši za sobom rub šume, kretao sam se po zvižducima parne lokomotive, ravnajući se, s vremena na vreme, prema njima u zamršenom klupku poljskih puteva. Najzad se dokopah zabačene stanice u ravnici i stadoh da čekam voz za Moskvu. Peron je bio zakrčen vrećama i džakovima, u kojima i na kojima su sedeli i ležali ljudi, čekajući voz kao i ja. Čekalo se dugo i mučno. Ćosavo lice čoveka do mene, koji se smestio na vreći, praznoj (kako mi se na prvi pogled učinilo), ali uvezanoj s tri čvora, zaraslo je u riđu čekinju dok se na horizontu najzad nije pojavio dugoočekivani dim. Voz je mileo brzinom kišne gliste, i ja sam strahovao da poput nje i on ne odmili u zemlju, ostavivši iznad praznih šina samo sivu spiralu dima.

Mnogima od prisutnih u sali možda će biti čudno ovo moje osećanje, ali meni, sangviniku, sve je sporo, odmereno i monotono uvek ličilo na privid, nešto nestvarno i možda me je zbog toga Rusija, sva troma, sporovozna, u kojoj sekunde protiču brzinom sati, darivala tolikim opsenama i prividima. U vagonu, koji je čekao signal za polazak, sused mi je bio isti onaj čovek, zarastao u riđu čekinju, s praznom vrećom na leđima. Doduše, ta praznina neočekivano zazveča udarivši o policu vagona.

– Šta nosite? – nisam mogao da zadržim znatiželju.
– Šilo u džaku – odgovori čekinja.
– Nameravate da prodate?
– Naravno. U Moskvi je potražnja za tim.

Oraspoložio sam se. Jer i moja roba bila je sličnog asortimana. Pored toga, voz krenu, što me još više obradova. Ali, ne zadugo. Prokleta glista zastajala je kod svakog železničkog praga, kao da je to bila stanica. Putnici se, međutim, nisu čudili, kao da je sve bilo normalno. Pred veče domilismo do sledeće stanice. U želji da protegnem noge, prošetah kroz voz do dimnjaka parne lokomotive, koji je noć, crnu kao zemlja, u pregrštima zasipao crvenim iskrama: pod njihovim svetlošću videh da u tenderu nema ni uglja, ni drva, već leže hrpe knjige. Zaprepašćen takvom čudnom organizacijom bibliotekarstva, sačekavši da trzaj voza koji se pokrenuo probudi mog suseda, obratih mu se novim pitanjima. U naš razgovor umešaše se i drugi putnici, i uskoro mi mnogo toga postade jasno – između ostalog i razlog našeg kretanja u trzajima od praga do praga:

– Vidite – sa svih strana stadoše da mi objašnjavaju – naš mašinovođa je od profesorskog soja, veoma učen čovek, nijednu knjigu ne propušta, dok je od korica do korica ne pročita u ložište je ne baca, ne: pa tako eto i idemo cepanicu po cepanicu, to jest knjigu po knjigu, dok ne...

– Ali, molim vas – prasnuh ja – treba da se žalimo, neka ga oteraju i dovedu drugog mašinovođu.

– Drugog? – sa svih polica istegoše se uznemireni vratovi – E pa, ne zna se još kakav može da nam dopadne, taj vaš drugi: eno na susednoj pruzi mašinovođa, osim „Antidiringa" ništa ne priznaje – sve knjige u ložište baca, u hrpama, do usijanja, punom parom, ali ako mu, ne daj Bože, dopadne „Antidiring" – nos u knjigu... i tu bez nevolje ne može da prođe. Ne, drugi nama ne treba; ovaj, iako je sav požuri-polako, po vrsticu dnevno, ipak mili, a „drugog" takvog još možeš da iskamčiš da će antidiringnuti s nasipa točkovima uvis, i umesto Moskve eto ti carstvo nebesko.

Nisam se prepirao, ali uz *nota bene,* koje behu skrivene u beležnici, nađe se još jedna. Po dolasku u Moskvu otkriću da li će još zadugo biti dovoljno zaliha ruske književnosti.

4

Kad smo stigli na moskovsku železničku stanicu, i ja se već mašio za ručicu vrata, skretničar raširi crvenu sovjetsku zastavu, što kod njih znači „put je zatvoren". I s pogledom na samu Moskvu, koja je hitnula u nebo hiljade zvonika, morali smo da čekamo čitav sat, dok skretnica ne propusti voz na peron.

Prvo što mi je palo u oči bilo je saopštenje na zidu železničke stanice u kojem narodni komesar zdravlja, Semaško, traži da se on iz nekog razloga ne gricka. Podigoh obrve i ne spustih ih za sve vreme svog boravka u Moskvi. Spreman na neobičnosti, sa srcem koje je tuklo, stupih u ovaj grad, izgrađen na krvi i tajnama.

Naše evropske izmišljotine o prestonici Saveza Republika, koje je opisuju kao grad naglavačke, u kojem se kuće grade od krovova ka temelju, gde se hoda đonovima po oblacima, krsti levom rukom, gde su prvi uvek poslednji (na primer, u redovima), gde je yvani;no glasilo – „Pravda"*, jer je upravo suprotno, itd, itd. – ko će se svega setiti – sve je to neistina: u Moskvi se kuće ne grade od krovova ka temelju (ni od temelja ka krovu, takođe se ne grade), ne krsti se ni levom, ni desnom, što se tiče toga da li su im zemlja ili nebo pod đonovima, ne

---
* Ruski: *istina.*

znam: Moskovljani, zapravo, ni nemaju đonove. Uopšte, glad i beda odasvud pruža hiljade dlanova. Sve je pojedeno – uključujući i crkvene lukovice; jedno vreme pokušavali su da se hrane optičkim sočivom, od kojeg se, kažu, dobija neodređeno-prozirna čorba. Dućani za prodaju namirnica – u trenutku kada sam stigao tamo – bili su zakovani, i samo su kraj njihovih natpisa s nacrtanim butovima, s vencima kobasica i ukrasima od repova rotkvice, ili kraj zlatnih izvajanih modela pereca i svinjskih glava, stajale okupljene mase i gutale ih pogledima. U imućnijim kućama, koje su mogle da plate rad slikara, hranili su se po ugledu na staru kulinarsku tradiciju. Za stolom: prvo je služena mrtva priroda holandske škole, sa prikazom svakojakih jela, za desert – voće za ukrašavanje jelki od papirmašea. Na ovo se nadovezala i nestašica robe: na policama u radnjama, osim prašine, gotovo ničeg. Smešno je reći, kada mi je zatrebao štap, običan štap (trotoari su tamo svi u rupama), u radnjama nije bilo štapova s dva kraja: morao sam da se zadovoljim štapom s jednim krajem. Ili ovaj primer: kada je neki Moskovljanin, pavši u očajanje zbog nestašice robe, pokušao da se obesi, ispostavilo se da je konopac ispleten od peska: umesto smrti morao je da se zadovolji modricama. Nečuveno.

Unutrašnje nesuglasice za vreme mog boravka u prestonici još više su produbljivale rasulo i nemaštinu. Tako, dok sam jednom prilikom prolazio pored niza sivih kuća boje paučine, sa zadovoljstvom sam zastao kraj kuće koja je blistala svojom svežom bojom i nizovima zastakljenih prozora. Ali, kad me je sledećeg dana slučaj doveo pred tu kuću, ugledah: zidovi izbledeli i naherili se, a pred kućom na ulici otpali malter i razbijeno staklo.

– Šta je to bilo u ovoj kući? – obratih se prolazniku, koji je pažljivo gazio, trudeći se da se ne nabode svojim golim petama na staklo.
– Rasprava.
– A posle?
– Posle je lider opozicije, u odlasku zalupio vratima. I to je sve.
– Koješta – osvrnu se na naše reči prolaznik, koji je nam je dolazio u susret – u odlasku je pričepio vratima prst. A stvar je u tome što...
– Što se mene tiče – mrzovoljno ga prekide prvi, počevši iznenada da hramlje – stvar je u tome što sam zbog vašeg zapitkivanja posekao petu.
Leđa se raziđoše – levo i desno, ostavivši mene u potpunoj nedoumici.

Govornik pritisnu dugme. Svetlost zameni tama, i na zagasitom kvadratu ekrana zatreperiše, smiriše se i ocrtaše dvostruke konture dvaput snimljene kuće: pre i posle.

U neke glave poče da navire sećanje: stare poluzaboravljene fotografije zemljotresa na Martiniku. Ali pre nego što je doprlo do svesti, dugme sastavi žice, lampe zasvetleše i govornik nastavi, ne dopuštajući da pažnja odluta.

5

– Ako pogledate Moskvu iz ptičije perspektive, videćete: u centru je kameni pauk – Kremlj, koji sa četiri širom otvorene kapije motri na paučinu ulica, koju je izatkao: njihove sive niti, kao kod svake paučine, šire se poput zraka, hvatajući se za udaljene kapije na ulazima u grad; poluprečnike, poput mnoštva kratkih spojnica, seku uličice; ovde-onde srasle su one u veoma duge lukove, obrazujući krugove bulevara i bedema, tu i tamo krajeve niti od paučine pokidao je vetar – to su ćorsokaci; i svijajući kroz paučinu svoje izlomljeno telo, stešnjena čvrstim šapama mostova – leži siva gusenica, reka. Ali, dopustite da ptica sleti na jedan od moskovskih krovova, a ja da sednem u kočiju.

– Kuda? – pita kočijaš, koga probudi moj dodir po ramenu.

– U Tabačihinski sokak.

– Milijardicu, vaša milosti.

Kočijaš šiba polulipsalu ragu, kočija klacka s kamena na kamen – i mi, domogavši se grbe mosta, ulazimo u splet uličica iza reke Moskve; u jednoj od njih je majušna kuća s naherenim prozorima i škripavim stepeništem na ulazu:

– Da li je profesor Korobkin kod kuće?

– Izvolite...

Ulazim. Ugledni naučnik gleda me iskosa ispod stakala naočara. Objašnjavam zašto sam došao: stranac sam, želeo bih da se upoznam s materijalnim uslovima u kojima se nalazi ruska nauka. Profesor se izvinjava: ne može da se rukuje. Odista: prsti su mu umotani u gazu i stegnuti zavojem. Zabrinuto se raspitujem. Ispostavlja se: bez najnužnije naučne opreme, kao što je na primer, tabla za pisanje, naučnici su primorani da tumaraju s komadom krede u rukama u potrazi za nečim što je makar nalik dasci, da bi zapisali svoje proračune, crteže i formule. Tako je profesor Korobkin baš juče uspeo da pronađe poprilično dobra crna leđa karuca, koje su se zaustavila negde tu, u blizini, pred jednim ulazom; profesor se taman namestio uz njih sa svojom kredom, algebarski znaci zaškripaše po improvizovanoj dasci, kad ona, iznenada, zavrtevši točkove, poče da odmiče, odnoseći sobom otkriće, nedomišljeno do kraja. Siroti naučnik pojuri, naravno, za formulom koja mu je bežala, ali formula, blesnuvši paocima, okrenu u sokak, nalete na rudu, udarac – i evo: udovi umotani u gazu behu dokaz bez reči.

Našavši se ponovo na ulici, počeh pažljivije da posmatram kočije i automobile. Uskoro, prolazeći kraj jednog od ulaza, obeleženog srpom i čekićem, videh automobil koji je dojurio do stepeništa na ulazu: na njegovom zadnjem delu, ispisan belim linijama na tamnoj ciradi, stajao je nedocrtani crtež. Pogledavši u smeru iz kojeg je crtež došao, vrlo brzo pronađoh pogledom crtača: iz duge perspektive ulice, s kredom koja se belela u ispruženoj ruci, trčao je čovek, sipljivo dišući i parajući čelom vazduh. Iz čisto sportske navike izvadih hronometar, navih oprugu i pustih da odbrojava sekunde i osmine. Ali, u taj čas zalupiše se vrata automobila: čovek, očiju skrivenih pod štitnikom, s torbom pod ugaonikom lakta, iskoračivši iz kola, prekide moje posmatranje:

– Stranac?
– Da?
– Interesujete se?
– Da.
– E pa – uperi prst u ćelu, koja je trčala ka nama – recite vašima: crvena nauka kreće se napred.

I okrenuvši se ka ulaznim vratima, pozva me pokretom ruke. Popesmo se stepenicama u kabinet s trinaest telefona. Preletevši usnama preko njihovih membrana, kao iskusni svirač na fruli od trske, čovek mi pokaza stolicu i sede preko puta. Bilo mi je neugodno da pitam, ali odmah je bilo jasno da me očekuje razgovor sa čovekom uglednim i važnim. Sabesednik je govorio kratko, dajući prvenstvo znaku pitanja nad svim ostalima, bez uvoda i dopuna: postavio bi svoje pitanje, kao što se kofe i korita postavljaju ispod pukotina na tavanici kad se približava kiša, i čekao. Šta sam mogao: počeo sam da govorim o utisku koji ostavljaju beda, nestašica hleba, nestašica robe, od kojih putnik sa Zapada nema kuda da odvrati pogled. U početku sam se suzdržavao, vodio računa o rečima, ali su me zatim obuzeli nedavni utisci, dao sam slobodu činjenicama – i one su poput provale oblaka počele da pljušte u njegovo korito. Ništa nisam zaboravio – čak ni štap s jednim krajem.

Saslušavši do kraja, čovek skide kačket, i tada ugledah oči i čelo, odveć dobro znane svima koji su makar nekad zavirili u ilustrovane Jirbuke, da ih nije bilo moguće ne prepoznati:

– Da, siroti smo – ulovi on svojima moje zenice – kod nas je kao na izložbi – ima od svega po primerak, ne više. (Da li zbog toga tako volimo izložbe?) Pogodio sam vaše misli, zar ne? Istina je: naše motke imaju jedan kraj, naša zemlja jednu partiju, naš socijalizam jednu zemlju, ali ne treba zaboraviti ni prednost štapa s jednim krajem: u krajnjem slučaju jasno je kojim krajem da se tuče. Da se tuče, ne dvomeći se između ovog i onog. Siroti smo i bićemo još sirotiji. Pa ipak, pre ili kasnije, zemlja udžerica postaće zemlja dvoraca.

Minut-dva slušao sam dobovanje njegovih prstiju po ploči stola. Zatim:

– Zašto ne pitate ništa o književnosti?

Da budem iskren, trgoh se: priškiljene oči očigledno su se uvukle pod manžetnu moje jakne i vršljale po mojoj beležnici.

– Pogodili ste mi misli...

– I ime – pukotina usta raširi se u osmeh i skupi, kao dijafragma kod kratke ekspozicije – jer prirodno je da se književni lik zanima za književnost. „Na šta miriše život?" Na štamparsku boju: kod ljudi koji nastanjuju knjige ili su emigrirali u njih. Dakle, svim perima kod nas dat je izbor: postavljenje ili post. Za jedne – služba bez prestanka; za druge – književni post.

– Pa u tom slučaju – prigovorih, donekle savlađujući zbunjenost – ono što je započeto ložištem u parnoj lokomotivi, vi hoćete da okončate...

On ustade. Ja takođe.

– Za detalje – na ovu adresu. – Redak od mastila, otkinut s bloka, primače mi se. – Učena ćela, izgleda da je docrtala crtež. Vreme mi je. Mogao bih da vas pošaljem nazad, i to ne kroz dimnjak, kako se to radilo u srednjem veku: evo ova telefonska slušalica plus tri slova umesto egzorcizma – i od vas ni traga. Ali znajući *nomen*[1], naslućujem vaš *omen*.[2] U redu. Stranstvujte.

Razmenismo osmehe. Ali ne i stisak ruke. Izađoh na vrata. Stepenice su kao dirke bežale pod stopalima. Tek mi je svež vazduh sa ulice vratio mir.

6

Adresa sa lista iz beležnice odvede me do stubova vlastelinske vile u jednoj od tihih moskovskih ulica, koje se klone tutnjave taljiga i zvonjave tramvaja. Isti ovaj list iz beležnice otvori vrata radne so-

---

[1] Ime (lat.)
[2] Znak, simbolika (lat.)

be, u kojoj se, kako mi reče sluga, sada nalazi vlasnik kuće. Prekoračivši prag, ugledah ogroman salon, koji se širio od jednog ugla do drugog, bez imalo nameštaja. Ceo pod salona – od zida do zida – bio je prekriven džinovskim, zasleplјujuće belim listom hartije, zategnutim rajsnedlama: preletevši pogledom preko goleme stranice, videh na njenom drugom kraju čoveka, koji se četvoronoške kretao sleva nadesno, pomerajući se po nevidlјivim linijama. Pažlјivije pogledavši, spazih kako mu pod prstima ruku i nogu štrče vršci naliv-pera, koja su se brzo vrtela po papirnoj ravnici. Radeći brzo poput pravog glancača parketa, on je, škripeći sa četiri pera, izvlačio od zida do zida četiri mastilјave brazde, postepeno mi se sve više približavajući. Zaškilјivši, sada sam već mogao da razaznam: gornjim redom protezala se tragedija, stopu niže traktat o generalbasu i strogim formama kontrapunkta; ispod leve noge nizao se pregled ekonomskog položaja zemlјe, a ispod desne – škripao vodvilј u kupletima.

– Šta to radite? – koraknuh ka glancaču parketa, ne mogavši više da se uzdržim da ne pitam.

Okrenuvši se ka meni, trudbenik podiže glavu, kratkovido pilјeći kroz zamaglјena stakla cvikera:

– Literaturu.

Udaljih se na vrhovima prstiju, plašeći se da ne pobrkam rodove.

Ovim se moji susreti s naučnim i umetničkim svetom Moskve nisu završili: učinio sam vizitu piscu „Potpunog rečnika prećutkivanja", bio kod poznatog geografa koji je otkrio zaliv Barahtu, posetio skromnog kolekcionara koji sakuplјa pukotine, prisustvovao svečanoj sednici Društva za proučavanje lanjskog snega. Drugim rečima, upoznao sam se s gorućim problemima kojima se posvetila crvena nauka. Nedostatak vremena ne dopušta mi da se duže zadržim na ovoj temi, ma koliko ona bila primamljiva.

7

Dok sam zavodio tuđim mislima, kucao na sva učena čela, nisam primetio šta se događa aršin niže: rusku poslovicu gladi muhu po trguhu treba ispraviti – sve muhe odavno su već bile pojedene, a kada su hteli da zaglade pitanje gladi, ono izbi na sve strane, gnevno krčeći iz svih stomaka, preteći da će, ako ne daju hleb, progutati revoluciju. Po prirodi sam filantrop, imena Govarda i Gaza mame mi suze na oči, te odlučih, koliko je u mojoj moći da pomognem zemlji, spaljenoj požarima i suncem: poslah šifrovan telegram – i uskoro iz Evrope stiže nekoliko vozova, natovarenih čačkalicama. Možete da zamislite, dame i gospodo, kako je stanovništvo gladnih gubernija dočekalo te vozove. Od prvog uspeha udvostruči mi se snaga: narodne kuhinje koje je organizovala vlada Sovjeta nisu mogle da se bore sa stihijom gladi: kuhinje su delile mrvicu po čoveku, tako da niko nije mogao da kaže da ni mrvicu nije okusio; time je sprečeno roptanje, ali stomaci su ostali prazni. Predložih da se obratimo za pomoć krotiteljima pacova: mobilisani su svi krotitelji. Svaka kuhinja dobila je po čoveka s frulom, koji bi iz podova i podruma sviralom mamio pacove koji su se tamo krili: vođena melodijom, u dugoj povorci – za nosom rep, za repom nos – hrana je sama odlazila u kuhinjske kace i kotlove.

Dovedeni su i lekari-hipnotizeri: gladnog bi stavili u udobnu stolicu i, izvodeći nad njim pokrete, govorili: „Ovo nije pepeljara s opušcima, već supa s knedlama. Jedite. Tako. Sad ste siti. Obrišite se salvetom. Sledeći."

Ipak, na sve strane su nicale takozvane minhokuhinje, otovorene na moj predlog (morao sam da se pozovem na književni izvor, ne otkrivajući, naravno svoje pravo ime): jednostavna oprema minhokuhinje sastojala se od dugog konopca, a zaliha hrane od parčenceta slanine, koje je bilo dovoljno za neodređeno veliki broj.... kuvera, da tako kažem, pošto je hrana služena u neku ruku *à couvert*[1]: u vreme ručka ljudi bi se postrojili u red, licem prema onome ko je delio hranu: on bi, vezavši slaninu na konopac, dao da je prva usta progutaju, a onda, sećate se već mojih pataka, ako bi red porastao, na slobodan kraj konopca nadovezali bi rezervnu uzicu, a ako je bilo potrebno, na uzicu još jednu itd. Zainteresovane upućujem na praktičan priručnik za organizovanje minhokuhinja, koji se u stotinama hiljada primeraka pojavio pod naslovom „Kusa kašika". Uzgred rečeno: ljudi koji su na ovakav način jeli, nisu odmah mogli da se rastanu jedan od drugog: iza prvog hodao je drugi, iza drugog – *volens nolens*[2] – treći. Tako su ušle u običaj svečane povorke, koje tamo i danas, kad je glad prošla, imaju veoma široku primenu; čak i svakodnevni izrazi, poput „učvrstiti vezu", „zajednička nit", „stožer" i druge, po mom mišljenju, odjek su perioda minhokuhinja.

---

[1] Ovde ironično: po porcijama (franc.).
[2] Hteo – ne hteo (lat.)

Dok sam promatrao, zavirivao u tuđe misli, puneći njima svoje beležnice, gurao društvo napred i borio se s kataklizmom gladi, vreme je vuklo svoj konopac od dâna, nižući dan za danom i mesec za mesecom. Oponašajući kalendar s koga lagano otpadaju listići, drveće na moskovskim bulevarima poče da gubi lišće. „Zasititi telesnu glad" – razmišljao sam – „samo je pola posla. Probuditi duhovnu glad – druga je polovina." Stari sam, neizlečivi idealista, moji razgovori s Hegelom ostavili su traga na meni, a, mislim, i na njemu: sloboda–besmrtnost–bog – tri su noseća stuba, na koja se ja mirno os... oprostite, hoću da kažem da i materijalisti pobeđuju samo u onoj meri u kojoj su... idealisti svog materijalizma. Zloglasna metla revolucije, koja više diže prašinu nego što čisti, pokušala je idealiste, kao smeće, da počisti iz kuće, ali, naravno, razmišljao sam, mnogo njih je zapelo za prag – i koliko je budžaka toliko je i videla duha. Trebalo bi zaviriti u budžake. Barem jednom. Slučaj mi je pomogao: dok sam prolazio pijacom, na kojoj sirotinja i trgovci naizmenično pružaju dlanove i robu, za oko mi zape dama dostojanstvenog izgleda, koja je nudila mašice: i mašice i dama bili su, očito, već dugo naslonjeni na zid i umorno čekali kupca. Priđoh i podigoh šešir:

– Da bih dosegao ugalj u svom kaminu, madam, potrebne su mi mašice duge hiljadu kilometara. Plašim se da vaše neće odgovarati.

– Ali njima se miševi mogu tući – uzruja se žena.

Ne raspravljajući se, platih koliko je tražila i gurnuh mašice pod mišku: na drvenoj ručki, koja mi je štrčala pod laktom, bio je urezan grofovski grb. Okrenuh se da odem, ali me grofica zaustavi:

– Muči me pomisao da su moje mašice ipak nešto kraće od onih koje vi tražite...
– Da, za 999,999 kilometara.
– Baš nezgodno! Ali, možda mogu da nadoknadim manjak ako vas upoznam sa čovekom koji vidi hiljadu vrsta i hiljadu godina unapred.
Izrazih spremnost – i uskoro se jedan od budžaka odškrinu. Odškrinuše se, zapravo, škripava vrata straćare u kojoj su mrlje od vlage i stenica zamenjivale šare na tapetama, a iz otvorene peći štrčalo oprljeno rodoslovno stablo. Sumoran čovek, koga mi je ljubazna domaćica predstavila, izgovorivši dosta poznato ime autora knjige o sudbini Rusije, dugo je sedeo, upiljivši se u vrhove svojih čizama. Videvši da sam nestrpljiv, domaćica pokuša da skrene pogled vidovnjaka s vrhova cipela na kraj vasione. Čovek iskrivi usta, ali ne prozbori ni reči. Ukrstismo poglede i domaćica promeni temu:
– Da li ste primetili da su vrane na Tverskom umesto „kra", počele da krešte „ura". Šta bi to moglo da bude?
– Ništa – promrmlja prorok i skrenu pogled s cipela na cepanice u peći. Grofica mi dade znak: sad će da počne. I zaista:
– U letopisima stoji: „Grad u oblaku dima". I još: „Nad Moskvom sunce krvavo kroz dim se dizaše". A u Domostroju: „Kao pčele od dima, anđeli odletoše". I kad ostadosmo bez anđela, dimovi se podizahu iz prostora u vremena i nastade nejasno, kao dimom obavijeno, „smutnoe vreme". I sâmo vreme postade smutnja, pomešaše se vekovi, trinaesti umesto dvadesetog: *inde*[1] – revolucija.

---
[1] Usled toga, iz tog razloga (lat.)

Jedan naš velikan odavno ju je nazvao: „Dim". Drugi, još ranije, pisao je o „Dimu otadžbine", koji nam je „sladak i prijatan". I sladokusaca dima, ljubitelja nalaženja razonode u dimu, degustatora paljevina i raspadanja bivalo je sve više i više, dok se otadžbina, bivajući sve manja i manja, u dimu nestavši, nije pretvorila u dim, toliko im sladak i prijatan. Pogledajte ulične časovnike: zar kazaljke na njima ne podrhtavaju od jeze, otresajući sa sebe pepeo i čađ sekundi; zar oči vaše, nagrižene dimom vremena, ne suze, zar... uzgred, vaša peć se, grofice, malo dimi. Mašice, molim.

Domaćica i ja se zgledasmo: a šta ako se prorok doseti da su mi njegove anticipacije o dimu unapred prodate zajedno sa mašicama. U želji da prikrijem nelagodnost počeh da govorim, nudeći pažnji sabesednika celu kolekciju novosti sa Zapada. Prorok je sedeo, glave naslonjene na dlanove, a pramenovi kose, koji su mu padali preko lica, zaklanjali su izraz njegovog lica. A grofica se sva rasplinula od miline i tražila još i još. Govorio sam o evropskim centrima koji tutnje poput vodopada, o noćima, preobraženim u električni dan, o reci automobila, diplomatskim rautima, spiritističkim seansama, modnim, damskim toaletama, sednicama Amsterdamske Internacionale i posetama engleskog kralja, o modnoj bostonskoj religiji i zvezdama na usponu u mjuzik-holovima, o Čerčilu i Čaplinu, o... Pogled mi se susrete, kroz plavičastu maglu (peć zaista nije radila kako valja) s blistavim licem slušateljke, koje se topilo od ushićenja, ali sam ja, ne predviđajući posledice, nastavljao dalje; došavši do opisa audijencije, koju sam imao kod sveruskog imperatora, podigoh pogled... i ne videh groficu: njena stolica bila je prazna. Okrenuh se,

u nedoumici, ka vidovnjaku. On se diže i, uzdahnuvši, reče:
— Da: ni mašica, ni grofice: istopila se. A ubica ste — vi.
Zatim, zadigavši pantalone, prekorači baru, koja ne tako davno beše grofica. Preostade mi jedino — to isto. Vezani tajnom, izađosmo, dobro zatvorivši vrata.
Krivudava ulica, slabe svetiljke koje se uzalud trude da jedna drugu dotaknu zracima. Išli smo ćutke između pustih zidova: iznenada, na jednom od njih, sveže ispisana četiri slova: SSSR. Saputnik pokaza rukom na slova:
— Pročitajte.
Pročitah, dešifrujući znake. On gnevno odmahnu kosom:
— Laž! Slušajte — otkriću vam kriptogram, koji su odgonetnuli odabrani: *SSSR — SSSR — Sancta, Sancta, Sancta Russia* — triput sveta Rusija. Auskultacijom slova, osluškivanjem kako ona dišu, vi zapažate samo njihove izdahe — ja čujem i udahe: stvarno, stvarno kažu ona — o trostruko svetoj i jedinoj: Bogu podobnoj.
I krivudava ulica nas povede dalje. Došavši do raskršća, saputnik se odjednom naglo zaustavi:
— Dalje ne mogu.
— Zbog čega?
— Ovde počinje kaldrma — prigušeno procedi prorok — ljudima moje profesije bolje je da se drže podalje od kamenja.
Ostavivši nepokretnu figuru saputnika na rubu asfaltne trake, pođoh kaldrmom: u lozi Minhauzena, hvala Bogu, nema proroka.
Naporedo sa mnom koračala je misao: dva miliona leđa, budžaci, život iskidan strahom od dojava

i vanrednih događaja, podigneš oči ka očima, gledaju te – uperene cevi, savršeno *dos à dos*[1]. I iskustvo potvrdi moju misao,u svoj njenoj kobi: videvši, jednom prilikom, čoveka kako se udaljava od naselja, zaustavih ga pitanjem:
– Kuda?
Kao čuh odgovor:
– U kukuruze, radi sebe...
Ove reči, pune gorke poezije, za ceo život su mi se urezale u sećanje. „Jadan, usamljen čovek – propratih tom mišlju njegovo povlačenje u samoću – nema ni prijatelja, ni dragu, da im se poveri, ostao je samo – kukuruz!" Dva miliona leđa; budžaci-budžaci-budžaci.

8

Govornik napravi pauzu: upavši u pukotinu okovratnika, jabučica se odmarala. Ali zato dugme zvonceta, pokrenuvši se, lupnu jednom, drugi put – i ekran blesnu. Salom, kao vetrom nošeno, prolete preplašeno „ah" i na desetine ljudi, sudarajući se jedni s drugima, jurnuše na vrata.
– Svetlo – viknu govornik, a kada se ponovo upališe lampioni: – Zauzmite vaša mesta, nastavljam.
Dijapozitiv, koji vas je, dame i... gospodo, tako uplašio, kao da zaslužuje drugačija osećanja: pred nama je blesnuo i ugasio se trenutak u životu bića koje predstavlja oličenje socijalne pravičnosti, čiji svaki deo tela po veličini tačno odgovara svojoj vrednosti. Drugim rečima, videli ste takozvanog „statističkog čoveka", čiji je portret već poznat onima koji su imali posla s osiguranjem radnika. Telesna građa stati-

[1] Leđa uz leđa (franc.)

stičkog čoveka je ovakva: svaki organ po svojoj veličini direktno je srazmeran visini iznosa koji se isplaćuje osiguraniku u slučaju gubitka ovog organa: tako, oči statističkog čoveka, kao što ste, verovatno, uspeli da primetite (organ koji je kod svih nas znatno manji od, recimo, zadnjice, što je neopravdano, budući da je za rad daleko važniji), njegove oči se pomaljaju ispod razvučenih kapaka poput ogromnih lopti, leva ruka jedva doseže bedra, a desna se vuče prstima po zemlji, itd, itd. Da budem iskren, kada su mi prvi put zenice zapele za izbečene očne jabučice čoveka pravilne telesne građe, gotovo da sam se začudio. Ali, pored Horacijeve maksime: „Ničem se ne čudi", imam načelo sopstvene izrade: „Ničim ne čudi". Dakle, videli smo čoveka pravilne telesne građe na jednoj od klupa moskovskog bulevara. Dečaci s olizanim karamelama muvali su se unaokolo. Čistači cipela lovili su prljave sare. Lice slučajnog suseda, koga sam zatekao kako sedi na klupi, bilo je zaklonjeno novinama. Preletevši pogledom preko paravana od papira, rekoh:

– A reformisti su opet krenuli nadesno.

– Kada hoće nešto da znače, nulama je jedini put: nadesno.

Novine sklopiše listove i u taj čas moj upitni pogled srete – iskolačene, džinovske oči. Nehotice ustuknuh, ali za mnom krenu golema ruka: palac i kažiprst, razvijeni na račun ostala tri, davali su joj izgled štipaljke. Uhvativši me na samom krajičku klupe, štipaljka mi stisnu prste:

– Da se upoznamo: Očigledno nastavno sredstvo. A vi? Kao da i vi, takođe – ušmrknu on nabubrelom nozdrvom – mirišete na knjigu.

– Da, vama se, zaista, očiglednost ne može poreći – preskočih njegovo pitanje.

— Do te mere — isceri se štipavac, otkrivši šarolike zube — da mi nijedna neće reći: oko moje.
— Ko zna — odlučih se za suzdržan kompliment — malo je na svetu lepote, a lošeg ukusa mnogo.
— Da, što gore, to bolje: ranije se to zvalo „predodređena harmonija", *harmonia predestinata*. Ali ako želite da vama budem očigledno nastavno sredstvo, pitajte. Svi brojevi od nule do beskonačno stoje vam na raspolaganju.
Izvadih beležnicu:
— Koliko je bilo samoubistava za vreme građanskog rata?
— Nula slučajeva.
— Kako to?
— Pa tako: ne stigne čovek sam sebe, već su ga drugi...

9

Dotle je oktobarski vetar pokidao poslednje lišće s drveća na ulicama i oborio živu u termometrima, dani postaše kraći, krovove i zemlju prekri sneg. Obično sam se zagrevao brzo hodajući. Jednom prilikom, prestižući povorku tramvaja, koji su lagano zveketali po zamrzlim šinama, zapazih kako pored svakog tramvajdžije sedi po starac, povijen pod teretom godina, sa snežnim grudvama sede kose pod kapom. Zaustavih se i pustih da me mimoiđe niz vagona: svuda uz ručice tramvajdžija behu lica oronulih staraca. U nedoumici, obratih se prolazniku:
— Ko su to?
— Peskari promrmlja ovaj i udalji se.

Odmah se uputih u blibliteku Istorijskog muzeja. Desetak aristokratski povijenih noseva i isto toliko napućenih donjih usana još jednom mi proleteše kroz glavu. Zatražih Rodoslovnu knjigu visokog plemstva i počeh da je listam: tu su Pesterevi, Pestovi, ali ne i Peskari.

Šta bi to moglo da znači? Razmišljajući o sudbini drevne loze Peskara, iščezle u knjigama, izađoh ponovo na ulicu – i ubrzo mi sve postade jasno: silazeći padinom jednog od sedam brda, po kojima je ležala Moskva, ugledah još jedan vagon, koji uz škripu gvožđa o gvožđe, uzalud pokušavao da savlada uspon. Tada, na znak tramvajdžije, oronuli peskar siđe s platforme i poče da se gega ispred vagona po šinama; pri svakom koraku, sa starca se osipao pesak i tramvaj, ječeći i podrhtavajući kao i starac, poče da mili uz šine, posute peskom.

S ovakvim sistemom, tamošnji tramvaji pogoduju jedino činovnicima, koji uz njihovu pomoć kasne na posao. Samo jedanput ukazao sam poverenje ovim gvozdenim puževima, i moram da priznam, umalo da me nisu odveli... predaleko. Radi se o tome, da sam, pobrkavši stanice, umesto karte od jedanaest kopejki, uzeo onu od osam. Kontrola me je uhvatila. Prestup je unet u zapisnik, predmet je predat istrazi, a zatim i predmet i ja – sudu. Sudska rasprava zbog tri neplaćene kopejke održana je u Vrhovnom sudu: sproveden sam, između dve sablje, do klupe za optuženike. Ogromna gomila radoznalaca ispunila je salu. Reči „najstroža kazna" i „smrtna kazna" pronosile su se od usta do usta.

Svoju odbranu zasnovao sam na ovome: kako je moj postupak, koji se tretira kao prestup, rezultat kompleksa uslovnih refleksa, neka i kazna bude uslovna. Sud, završivši većanje, odluči: proglasivši me krivim, streljati... ćorcima.

Tog jutra, određenog za pogubljenje, staviše me uza zid, licem ka tucetu cevi – i nisam ni okom trepnuo, a plotun grunu i mene streljaše. Skinuvši šešir, izvinih se zbog uznemiravanja i izađoh na ulicu: sada sam bio uslovno mrtav.

Pošto se streljanje obično vrši u zoru, ulice su još bile prazne, poput staza na groblju; uz to, bila je nedelja, kada se život nešto kasnije budi. Išao sam blago uznemiren, i dalje osećajući na sebi uperene cevi. Grad se polako budio. Otvarale su se krčme i pivnice. Grlo mi se osušilo. Gurnuh neka vrata ispod zeleno-žutog natpisa – dočeka me zadah piva i graja. Sedoh za sto i osmotrih krigle i lica, i mnogo toga mi se učini čudnim: niko od posetilaca koji su sedeli zagnjureni u svoje krigle, ni sa kim nije razgovarao, a svi su bez prestanka pričali. Pažljivo oslušnuvši, počeh da razlikujem reči, bilo ih je manje od onih koji su govorili, jer su svi posetioci, uz male varijacije, ponavljali jednu istu nacionalnu psovku. Kako je piva u kriglama bivalo sve manje, crvena lica, zakrvavljenih očiju, postajala su sve gnevnija i gnevnija i izgledalo je da su sve pore vazduha ispunjene ovom grubom psovkom. Sva lica, sve oči se mimoilaze, niko ni na koga nije ljut, samo veštačkoj palmi nervozno podrhtavaju vrhovi pod kišom nepresušnih psovki. Ništa ne shvatajući, pozvah prstom kelnera i zamolih ga da mi objasni šta ovo znači. Lenjo se osmehnuvši, ovaj me obavesti:

– Trgovci.
– Pa šta s tim?
– Zna se šta: šest dana trpi svašta od kupaca – ni roba, ni ljudi, ni dana mira nemaju: pipaju, opipa-

vaju, zapitkuju, propituju, ovo ne valja, to nije to, pokazuj, sklanjaj, meri, premeravaj i ćuti: pa eto šest dana ćute, a sedmog...

I, otresavši maramicom ljusku graha sa stola, kelner ode za šank.

Osmehnuh se: znači, koristeći neradni dan, ovi ljudi vraćali su nazad u vazduh sve ono što su očima i ušima upijali tokom duge radne nedelje.

Da, osmehnuh se, ali, naravno, ne zbog grubih psovki, koje su odjekivale oko mene, već zbog maglovitog sećanja, koje su probudile: setih se – verovatno ga ni vi niste zaboravili – onog čudnovatog poštarevog roga, u kojem se, kao puž u školjci, krila zaleđena pesma, da bi se, u zgodan čas, zaorila u susret toploti i proleću. Ali, psovka, uopšte, bolje prolazi od pesme: u pesnikovom kalendaru, avaj, nema nedelja, i ako mu ponekad i uspe da se na putu ne zaledi, njegovo srce celo od studeni gori. Tako sam ja, uslovno mrtav, sedeći u pivnici, razmišljao o uslovnim refleksima.

10

Kroz celu salu – od poslednjih prema prvim redovima – nestajući i pomaljajući se iza ramena, probijalo se četvorostruko savijeni papirić; stigavši do katedre, na tren prekide govor.

– Dobio sam ceduljicu – nasmeši se predavač, mahnuvši listićem – nečiji ženski rukopis pita o društvenom položaju žene u Sovjetskom Savezu i njenim pravima na ljubav i brak. Nisam nameravao da se dotaknem tih pitanja, ali ako auditorijum to zahteva – onda u dve reči: odnos prema ženi, kakav je bio u bivšoj Rusiji, korenito se popravio – disharmonično stvorenje, „duge kose, a kratke pameti", najzad se izborilo da mu i kosa bude kratka.

Što se tiče praktičnog proučavanja pitanja ljubavi i braka, mojih dvesta godina oslobađaju me, u neku ruku, obaveze da polažem račun o toj stvari. Doduše, želeći da budem pošten do kraja i znajući da radoznalost može da se shvati kao strast, zamalo se ne upustih u lak flert s parom dražesnih okica. Upoznali smo se ovako: idem ja ulicom – ispred mene vitka devojka vodi za ruku malenog dečaka. Verovatno neka *bòna* – razmišljam – i sustigavši je zavirujem pod šеširić. Neznanka zbunjeno odvraća pogled, i u taj čas balon, crveni dečiji balon, izmigoljivši se iz njenih prstiju, vinu se uz prozore pa preko nagiba krovova. Ja istog trena krenuh, rukama i kolenima uz oluk, u poteru za obojenim mehurom. Jurim po limu koji tutnji, kad iznenadni nalet vetra prebaci balon na susedni krov. Savijam kolena i skačem s kuće na kuću: uzica je u mojim rukama. Otiskujem se sa ispusta na krovu i lagano spuštam na dečijem balonu pred noge zapanjene neznanke i mališana sa širom otvorenim ustima. Dalje je, naravno, sve išlo prirodnim tokom: okice mi ugovoriše sastanak, već sam likovao u sebi, ali glup slučaj sve pokvari. U želji da ubrzam uspeh, na putu ka okicama, navratih u radnju. U Moskvi se pod jednim istom firmom prodaje: živo cveće i konjsko meso, pijavice za puštanje krvi i mesne konzerve itd, itd. Na limenom pravougaoniku, ispod koga uđoh – pisalo je crno na plavo: „Slatkiši i mrtvački kovčezi". Zatražih da mi daju poveću bombonjeru, ali, po svoj prilici, uperih prst u sasvim pogrešnu stranu. Uručiše mi veliku kutiju duguljastog oblika, uvijenu u papir i vezanu ružičastom vrpcom. Pokucah na vrata lepotice dok mi je srce tuklo. Spazivši poklon, okice zaiskriše – sve je bilo da ne može biti bolje – osećajući da sam na pola puta od pogleda do poljupca, skinuh vrpcu s kutije, devojka s osmehom sladokusca odmota papir, i mi oboje ustuknusmo ka naslonu divana: iz gomile papira izvirio je mali, plavi dečiji mrtvački kovčeg s belim rubom. Voz sreće, zazviždavši, projuri. O, kako su strme i uske te proklete moskovske stepenice!

Da, ne plašim se iskrenosti, priznaću da ljudi od mašte nemaju šta da traže u ljubavi: jer pravi šahista može da igra, a da ne gleda u tablu; i ako se već voli, bolje je da se žena ne gleda. Kad samo pomislim! Ko ima uspeha kod dama? I dan-danas pamtim bubuljičavo lice mekog arhivara iz Hanovera, koji je, baveći se celog života pantljikama arhivskih korica, naučio tako brzo da ih odmotava da je transponovanjem tehnike prstiju, postao, po sopstvenom uverenju, neodoljiv. „Pre nego što stignu da kažu „da" ili „ne" sve pantljike već su odrešene" – hvalisao se arhivar, i ja sam sklon da poverujem kako nije sve u njegovim rečima bilo pusto hvalisanje.

Ovako ili onako, odustavši od dalje prakse, odlučih da se ograničim na teorijsko upoznavanje s problemom. Hrpe sovjetske beletristike dovele su me do veoma radosnog zaključka i prognoze: dok novine neprestano govore o nepomirljivoj mržnji među klasama, njihova beletristika ne priznaje drugu ljubav osim ljubavi čekiste prema prelepoj belogardejki, lepe partizanke prema belom oficiru, radnika prema aristokratkinji i kneza ili grofa, koji je ostao bez titule, prema običnoj seljanki, težakinji. Prema tome, pouzdavši se u staru realističku tradiciju ruske beletristike, može se sa sigurnošću očekivati da će sve zabijeno čekićem biti posečeno srpom... meseca: pre ili kasnije slavuj će nadglasati fabričku sirenu. Tako je bilo i biće: antiteza će uvek trčati za tezom, ali neka se samo venčaju, i eto vam kućnog prijatelja, sinteze.

Mišljenja o ovom pitanju još kao da lebde u vazduhu, i nisu uspela da se slegnu i utvrde: jedni traže da se primenjuje parola „svi na ulicu", u susret ljubavi, drugi se bore za očuvanje porodičnog ognjišta. Ticijanove *Amor profana* i *Amor celeste*[1], naslikane kako mirno sede pored bunara, dograbile su se za kosu i pokušavaju da jedna drugu gurnu u bunar.

Ne upuštajući se u nagađanja, može se ipak zaključiti da je napravljen značajan početni korak u preobražaju ljubavi, „svaki početak je težak" – kako reče jedna devojka, koja je pet minuta pre toga bila nevina, kad joj nisu platili ugovorenu sumu. Ne verujem da zakoni, koje smišljaju pravnici, mogu da se bore protiv zakona prirode. Još je veliki metodolog, Frensis Bejkon, ovako definisao eksperiment: „Mi samo povećavamo ili smanjujemo rastojanje između tela – ostalo čini priroda." Ukoliko se uzme u obzir da stambeni uslovi u zemlji iz koje sam se vratio, ne daju mogućnosti za dalje smanjenje rastojanja, onda... dozvolite mi da se vratim na referat.

11

Obnova privrede SSSR-a krenula je lagano, neprimetno, kao da se ugleda na njihovo proleće na severu, koje s mukom isteruje pupoljke kroz sleđenu golu kožu grana. Ako me pamćenje ne vara, sve je počelo s brvnima, koje su ljudi jedan drugom krenuli da vade iz očiju. Ranije ni trun u oku nisu vi-

---

[1] Ljubav zemaljska i Ljubav nebeska (ital.)

deli, ali nevolja nam izoštrava vid: uskoro su zalihe brvana, izvučenih iz zenica, bile dovoljne da se otpočne s izgradnjom; u predgrađima stadoše da se pojavljuju, čas ovde, čas onde, male brvnare, osnovaše stambene zadruge, i stvar, uopšte, krenu na dobro.

Počela je sadnja drveća po bulevarima (od starog su štrčali samo panjevi): tom prilikom korišćen je jednostavan, ali dobro zamišljen način njihovog ubrzanog uzgajanja – za donji deo stabla na drvcetu, ukopanom u zemlju, vezivan je kanap, kanap bi prebacili preko čekrka i povlačili drvo uvis, sve dok se ne bi isteglo do predratne visine. Na ovaj način za dve do tri nedelje gole bulevare prekrilo je senovito drveće, koje je vratilo ulici njen raniji ugodan izgled.

Mnoštvo plakata, izlepljenih svuda po zidovima i plotovima, delilo je prolaznicima praktične savete, kao, na primer: „Pošto riba od glave smrdi, jedite je od repa", ili, „Ako hoćete da vam đonovi budu čitavi, hodajte na rukama." Ko bi sve zapamtio. S plakatima su se utrkivale pozorišne afiše koje su objavljivale veličanstvene postavke i nacionalne spektakle. Ovaj talas i mene ponese, nisam mogao da stojim po strani, te predložih nekakve planove i sheme: savetujući, tako, jednog moskovskog reditelja, preporučih mu da na scenu stavi Gogoljevog „Revizor" u mojim, da tako kažem, razmerama, na minhauzenovski način, okrenuvši sve tumbe, počevši od naslova. Drama, kako smo planirali, trebalo je da nosi naslov: „Trideset hiljada kurira"; središte radnje premešteno je sa individue na mase; junaci drame su 30000 jadnih trudbenika koji su služili kao kuriri kod okrutnog eksploatatora, peterburškog dostojanstvenika Hljestakova; on ih satire poslom, paketi pljušte na kurire kao kiša, sve dok ovi, organizovavši se, ne odluče da stupe u štrajk i prestanu da nose pakete. U međuvremenu Hljestakov ima romansu s lepom... ne sećem se, kako je to kod njih, gradonačelnikom ili gradinarkom, jednom rečju, Hljestakov joj šalje pismo po prvom kuriru, zakazujući sastanak uveče u gràdini (kod Rusa je to običaj); ali kurir, koji je stupio u štrajk, ne odnosi pismo na adresu; Hljestakov, koji je celu noć čekao u gràdini, vraća se rasrđen u departman i šalje drugo pismo iste sadržine, na istu adresu po drugom kuriru; rezultat je isti – i drugi, i treći, i hiljaditi, i hiljadu i prvi ne izvršavaju zadatak. Hljestakov tri godine zaredom uzalud odlazi noću u gràdinu, i dalje ne gubeći nadu da će osvojiti srce nepristupačne lepotice; ostario je, oslabio, a i dalje šalje nove i nove kurire: 1450, 1451, 2000. Ide scena za scenom. Iskusni ženskaroš ne voli da ga vodaju u ljubavi. Zapustio je sve svoje poslove i piše svaki dan, sad već ne jedno, već deset, dvadeset, sto pisama, ne znajući da ih sve odnose u štrajkački odbor. U isto vreme gradinarka, koja ni malo nije nepristupačna, godinama i godinama čeka da makar redak dobije od izabranika; gràdina joj je uvenula i zarasla u drač. I eto pojavi se među štrajkačima štrajkbreher: to je baš poslednji, 30000. kurir, koji, ne izdržavši pritisak štrajka, odnosi pismo na adresu.

Posle toga, događaji se ređaju brzinom kamena koji se sunovraćuje u provaliju. Hljestakov hita gradinarki: najzad! Ali, ni štrajkački odbor ne spava: štrajkbreher je otkriven, ali pismo br. 30000 već je izmaklo iz ruku štrajkača. Tada oni otvaraju 29999 neotvorenih. Zamislite samo efekat scene u kojoj 30000 pocepanih koverti leti u vazduh, padajući u vidu belih kvadrata na glave gledaocima.

Hor gnevnih glasova – ovde smo pribegli kolektivnoj deklamaciji – čita 30000 gotovo istovetnih tekstova, uz podrhtavanje zidova i tavanica, salom se ori: „Dođi u gràdinu". I trideset hiljada pobunjenika u pravilnim redovima ide u gràdinu da se obračuna s dostojanstvenikom-zavodnikom. Par, koji je šaputao kraj plota, pokušava da pobegne, ali sa svih strana – kuriri – kuriri – kuriri. Noć se zabeli kao dan od 30000-torici belih listova ispruženih prema dostojanstveniku. Život mu visi o koncu. Samopožrtvovana gradinarka vrišti kako je spremna da se poda svoj 30000, samo da spase svog jedinog. Kuriri su se smeli, sakrili bi se u svoje koverte. Tada Hljestakov pokajnički, javno priznaje da on uopšte nije sanovnik, već njihove gore list, titularni savetnik, radni čovek, kao i svi. Izmirenje. U rukama ovih 30000 su ašovi; uz zvuke narodne pesme „Svako voće kad mu vreme dođe", ašovi udaraju o zemlju, riljajući povrtnjak zarastao u drač. Rudi zora. Obrisavši trudbenički znoj s lica, Hljestakov pruža ruke u srusret danu koji se rađa: „Spala mi je koprena s očiju." Za koprenom pada i zavesa. Kako vam se čini? A?

Već su i probe počele, kad nabasasmo na neočekivanu prepreku: za ulogu 30000 angažovane su dve divizije iz okruga u okolini Moskve, ali vlasti, verovatno u strahu od vojnog udara, usprotiviše se uvođenju tolike vojske u prestonicu. Uskoro otputovah, moleći reditelja da ne navodi na afiši moje pravo ime u slučaju da predstava ipak jednom krene. Verujem da neće prekršiti obećanje.

Za vreme svog boravka u Moskvi trudio sam se da ne propustim nijedno naučno predavanje. Opšte oživljavanje privrede imalo je veoma blagotvoran uticaj na tempo naučnog rada i istraživanja u zemlji. S vašim dopuštenjem, dame i gospodo, usudiću se da rezimiram sadržinu dva poslednja predavanja kojima sam imao prilike da prisustvujem.

Prvo je bilo posvećeno pitanju prarime: predavač, ugledni akademik, koji se posvetio proučavanju etimologije slovenskih jezika, postavio je pitanje prve rime koja je zazvučala na staroruskom jeziku. Dugogodišnji rad odveo ga je do devetog veka naše ere: ispostavilo se da je pronalazač rime bio Sveti Vladimir, koji je u rimu složio reči „biti" i „piti". Upravo od ove prarime, tvrdio je krasnorečivi referent, potekla je, postajući postepeno sve složenija, ruska versifikacija u celini; ali, ako joj se oduzme „piti", ona neće imati sa čim da rimuje svoj „biti" i uzdrmana baza učiniće klimavim i svu nadgradnju, jer ni kula od knjiga nije mnogo stabilnija od one od karata. U zaključku predavač je predlagao da se terminologija osveži klasifikacijom poezije, ne na lirsku i epsku, nego, kako se to ranije činilo, na onu domaću i fabričku.

Drugo predavanje, iz ciklusu predavanja koje je organizovao Institut za duševno nivelisanje, privuklo me je samim svojim nazivom: „S obe strane razdeljka". Ugledni fiziolog demonstrirao je rad Insituta za nivelisanje u oblasti elektrifikacije mišljenja; dakle, grupa naučnih radnika Instituta uspela je da dokaže da se nervni napon, koji se javlja u mozgu, poput električne struje, širi samo po površini hemisfera mozga, koje predstavljaju polove električnog mišljenja. Dalje je bio čisto tehnički problem da se mišljenje podigne za još dva-tri santimetra i lokalizuje na površini lobanje; razdeljak, izvučen od čela ka zatiljku, začešljavao je misaone procese na levu i desnu stranu, uspešno oponašajući moždane hemisfere, koje kao da su projektovane u obliku sfera;

nema potrebe, naravno, da se posebno objašnjava kako su vlasi kose u ovom smelom ogledu zamenjivale provodnike koji odašilju misli u prostor.

Posle sažetog teorijskog objašnjenja, naučnik je prešao na demonstriranje: na podijum su izveli čoveka s mesinganom kapom na glavi, natučenom preko ušiju. Kapu su skinuli, i mi svi ugledasmo uredan, prav razdeljak i glatku kosu, kao upeglanu u lobanju – zdesna nalevo i sleva nadesno. Uzevši u ruku stakleni štapić, eksperimentator ga primače levoj hemisferi ispitanika:

– Ideja „država" nalazi se kod ovog subjekta evo ovde, na kraju dlake levo od razdeljka. Mesto je obeleženo crvenom tačkom: molim kratkovide da priđu i uvere se. A sada pažnja: pritiskam „državu".

Stakleni vrh bocnu tačku, kroz razdeljak zdesna nalevo sevnu varnica, i vilice objekta, otvorivši se, izgovoriše: „Država je organizovano nasilje..." Ruka sa staklenim štapićem se povuče: škljocnuvši zubima, vilice se zatvoriše. Naučnik dade znak asistentu:

– Napravite razdeljak ulevo. Evo: sada vidite da je crvena tačka prešla na desnu stranu razdeljka. Kontakt.

I ponovo – staklo lako udari tačku, sevnu sleva udesno, vilice se razdvojiše i: „Država je neophodna etapa na putu ka..."

– Ostalo će ostati za zubima – mahnu palicom eksperimentator. Vilice se zatvoriše, i umesto ovog uvedoše drugog ispitanika. Ovaj je izgledao raščupano, nepokorno; četvorica stražara s Instituta jedva ga smestiše na podijum, iz nakostrešene kose vrcale su varnice, suvo pucketajući, a grčevito stisnuta usta bila su zapušena.

– Uključite reči – naredi eksperimentator. Usta otpušiše i reči pokuljaše, što izazva sašaptavanje u mnogoglavoj publici: „kontrarevolucija", „bela ideologija", „stopostotni buržuj", „revolucija u opasnosti", a neko je, skočivši sa svog mesta, vikao: „Za ovo se ide na streljanje."

Ali, naučnik ispruži ruke, stišavajući uznemirenost:

– Građani, mir. Molim da se eksperiment ne prekida. Mašina broj nula.

Asistent polete ka instrumentarijumu – i obična frizerska mašinica (samo malo dužih ručki u staklenim navlakama) kliznu niz lobanju ispitanika, žustro mu brijući mišljenje. Svaki put kada bi se metalni zupci iznova vratili na lobanju, sve više je ogoljujući, govor kontrarevolucionara sve više se kidao, slabio, zaplitao. Mašinica je završila svoj posao, i stražar je metlom čistio ošišan pogled na svet. Ispitanikove ruke mlitavo su visile, dok je jezik snuždeno, kao drvena klepetuša, okačena kravi o vrat, i dalje udarao, ponavljajući neprestano dve iste reči „sloboda reči – reč sloboda – reč slobode – slobo...".

Eksperimentator zabrinuta izraza priđe objektu i pažljivo pređe pogledom po ogoljenoj lobanji. Iznenada naučnikovo lice se razvedri, on pokaza svojom širokoprstom rukom na pacijentovo teme:

– Evo ovde su još dve dlačice – isceri se prema publici – i stisnuvši dva četvrtasta nokta uz nešto nevidljivo, trgnu – sad je čisto. Neće ni pisnuti!

Naučnik dunu u svoje prste i koraknu ka katedri. Završivši sa čišćenjem, stražar je nameravao da pomete duševne otpatke preko praga. Baš u taj čas, negde iz poslednjih redova začu se tihi zvuk: ili zevanje, ili mukli grč. I, napravivši dugu pauzu, naučnik strogo pređe naočarima preko utihnulih redova i reče:

– Mir. Setimo se ruske poslovice: „Ko izgubi kosu, ne žali za glavom."[1]

12

Onaj ko nije bio na prvomajskoj paradi u Moskvi ne zna šta je to narodno slavlje. U susret maju raskriljeni su svi prozori, u prolećnim barama, isprepleteni s odrazima belih oblaka, trepere crveni odblesci zastava; iz ulice u ulicu udaraju bubnjevi, čuje se čvrsto marširanje kolona, milionoge reke slivaju se na Crveni trg da bi se, poput vodopada od ljudi, obrušile do reke Moskve, isto tako prolećno silovite, oslobođene ledenih okova, izlivene preko svojih obala. Levkasti otvori truba bacaju u vazduh „Internacionalu", crvene zastave vijore se na vetru kao džinovske petlove kreste, kljunovi bajoneta s tri svoje oštrice, vinuti u nebo, njišu se ispred tribina. Uguravši se u gomilu, dugo sam posmatrao kako uzvikuje svoje ratne pokliče, leprša purpurnim krilima zastava i traka, s tri oštrice svog džinovskog kljuna, spremnog da pokljuca sve zvezde na nebu kao sitno zrnevlje, da bi u njega bacio pregršti purpurnih petokraka – taj Praznik, pun velikog gneva s krilima, raširenim od jednog do drugog pola, spremnim da uzlete – koji je neočekivano probudio sećanje na legendu koju sam kratko vreme pre toga otkrio u jednoj moskovskoj biblioteci, ali istog časa i zaboravio u brzoj smeni dana i poslova.

---

[1] Inverzija ruske poslovice: „Ko izgubi glavu, ne žali za kosom".

Legenda je, počeh da se prisećam, govorila o nekom Francuzu, koji je još 1761. godine, doputovavši u Moskvu da ... ali u taj čas trube po hiljaditi put grunuše „Internacionalu", gomila se zaljulja, neko mi stade na žulj i ja izgubih nit.

Tek pred veče praznik je počeo da se osipa, kao prolećno cveće na vetru. Zidovi su još plamteli od cik-cak svetlosti, ali se gomila proredila; zatim prozori zatvoriše svoje staklene kapke, svetla se ugasiše i jedini sam ja hodao pustom ulicom, pokušavajući da se setim detalja poluzaboravljene legende; ona mi se postepeno vrati u sećanje sve do same naslovne stranice, sa svojim jasnim: „Đavo u kočijama".

Godine 1761, kazivala je legenda, nekakav Francuz doputovao je izdaleka u Moskvu da bi pronašao čoveka koji mu je bio veoma potreban, ali ga je u putu izgubio i jedino se nejasno sećao da taj koga traži živi kod Nikole Malog na Petlovim Nogama. Došavši u Moskvu, Francuz uze fijaker i naredi kočijašu da ga odvede do Nikole na Petlovim Nogama. Kočijaš, odmahnuvši glavom reče da ne poznaje takvog: postoji Nikola Mokri, Nikola Crveno Zvono, Nikola sa Tri brega, ali Nikolu na Petlovim Nogama... Tada mu došljak reče da vozi od raskrsnice do raskrsnice, odlučivši da pita prolaznike. Kočijaš zamahnu bičem i krenu. Prolaznici, na koje su kočije nailazile, prisećali su se: neko Nikole Isposnika, neko Nikole u Pižama, drugi Nikole na Kokošjim Nogama ili Nikole od Tesara, ali Nikolu na Petlovim Nogama niko nije znao. Te točkovi nastaviše da se okreću dalje, u potrazi za izgubljenim hramom. Spustila se noć, zamorili se i konj i kočijaš i bič – ali uporni Francuz reče da ne silazi sa sedišta sve dok ne nađu Petlove Noge. Kočijaš trgnu uzde i naplatci kočija ponovo zatandrkaše noćnim ulicama Moskve. U to doba grad je rano odlazio na spavanje i tek par prolaznika, koje zaustavi glas izleteo iz mraka, požuri da uzvrati „ne znam" i što pre se sakrije u kuće. Planu sunce, ugasi se, ponovo blesnu i ponovo uroni u mrak, a potraga se nastavi. Sustalo kljuse, zapinjući, jedva je vuklo kočiju, kočijaš se pospano klatio na sedištu, ali nepokolebljivi došljak, pogrešno izgovarajući njemu strane reči, tražio je – dalje i dalje. Sada su već zastajali pred svakom crkvom i, ako je bila noć, kočijaš bi išao i lupao na obližnje prozore. Probuđeni ljudi izvirili bi u susret pitanju o Nikoli na Petlovim Nogama: ali prozori bi se istog časa zatvorili, izbacivši kratko – „ne". I paoci bi se opet zavrteli oko svoje ose u potrazi za izgubljenim hramom. Jednom, stražar crkve Nikole Malog, na Kokošjim Nogama, koja je izdigla svoje krstove nad spletom ulica, ispresecanim dvema Molčanovkama, ču koščati udarac na prozoru svoje stražare. Ustavši s banka, ugleda (noć je bila puna mesečine) kosmato lice, priljubljeno uz staklo spolja. „Ko je?" – viknu stražar – „šta hoćete?" – i nečiji glas iza vrata, pogrešno, ali razgovetno izgovarajući reči, odgovori: „Pti Nikola na Petlov Nogu". Stražar se prekrsti, prestrašeno šapćući molitve, a strpljivi Francuz, vrativši se u svoje kočije, nastavi potragu. Uskoro oko čudnog došljaka poče da se širi legenda: ljudi, koji su sreli tajanstvene kočije, pričali su o đavolu u kočijama, koji se vozi noćnim ulicama Moskve, tražeći podzemni hram sotone, čija je leva peta, kao što je poznato, kao u petla.

Sada su već, prolaznici, čuvši kako tandrču tajanstvene kočije, jurili u sporedne uličice, ne sačekavši ni susret, ni pitanje. I đavo u kočijama uzalud je kružio od raskrsnice do raskrsnice, ne srećući ni žive duše.

Zanesen slikama stare legende, hodao sam utihlim ulicama, gazeći senke i mrlje od mesečine, dok me slučaj ne odvede u tesan i dug ćorsokak. Okrenuh se, da bih izašao iz kamene stupice, kad u taj mah, tamo, iza ćoška, iznenada se začu tiho, ali razgovetno sve bliže i bliže tandrkanje točkova. Ubrzah korak, pokušavajući da ih preduhitrim. Ali, već je bilo kasno: trošne kočije pregradiše mi izlaz iz ćorsokaka. Da, to su bili oni: išibana raga, a među njenim dahtavim rebrima – zraci mesečine, koji su bacali na kaldrmu splet senki u obliku kostura; kočijaš s kajasima u rukama i nejasna silueta putnika, radoznala pogleda uprta u dubinu ulica. Pripih se leđima uza zid, trudeći se da se sakrijem iza izbočine kuće. Ali, već su me primetili: nizak, putni cilindar, koji se već odavno ne nosi, podiže se iznad putnikove glave i mrtve usne počeše da se miču. Ali ja, preduhitrivši pitanje, glasno zasuh to nejasno, iskvareno mrmljanje:

– Čujte, vi, prividu, šta je s vašim vidom? Hoćete da srušite legendu! Vi tražite hram na Petlovim Nogama. A ovde ih je na hiljade: pokucajte na bilo koja vrata i uvešće vas. Zar se crvene petlove kreste ne njišu na krovovima njihovih kuća, zar ne sijaju metalni kljunovi, podignuti u nebo. Svaka kuća (ako je verovati njihovim bajkama), svaka ideja (ako je verovati njihovim knjigama) na petlovim je nogama. Probajte: dirnite – i sve će to, nakostrešivši perje, jurnuti i pokljucati nas zajedno sa Krupama, kao prekrupu. A vašem kočijašu savetovao bih iz ovih stopa da krene pravo u sindikat: nek vas oglobe za sto pedeset dve godine. Eksploatator, i još sâm đavo!

I, razljućen, bez ustručavanja prođoh kroz utvaru. Događaji tog dana iscrpiše me do krajnjih granica. San je odavno već čekao na moj povratak. Ujutro jedva razmrsih klupko od jave, sna i legendi.

13

Ovo što sam ovde izneo pred uvaženim skupom – tek je par bezvrednih penija, istresenih iz usta, kao iz proreza dobro nabijene štedne kasice. Cela Rusija je evo ovde, pod ovim temenom. I biće mi potrebno bar tuce tomova da u njih smestim sve što sam iskusio na svom putu u Stranu Sovjeta.

Ovako ili onako, osetivši da je kasica puna, odlučih da je vreme da se misli na povratak. U SSSR-u veoma malo ih uspeva da dobije pasoš. Prvi činovnik, kome se obratih, odgovori u duhu natpisa iznad ulaza u Danteov pakao:

– Niko živ.

Ali, ja se ne zbunih:

– Molim vas, kako mogu da budem živ kada sam formalno streljan?

I nabavivši potrebna uverenja, pokrenuh stvar sa mrtve tačke. Posle nekoliko nedelja trčkaranja u džepu mi je ležala karta i propusnica.

Dođe i poslednji dan. Moj voz odlazio je u šest i neki minut. Na nebu je blistalo podnevno julsko sunce: imao sam na raspolaganju nekoliko sati – i odlučih da ih posvetim opraštanju od Moskve. Lagano koračajući došao sam do jednog od mostova, podignutih preko reke i, nagnuvši se preko ograde, poslednji put posmatrao talase i penu, nošene kao vreme brzom strujom. S muljevite obale dopiralo je otegnuto kvakanje pataka, koje me je poslednji put podsetilo na predanje o tome kako je izgrađen ovaj čudnovati grad (početak predanja možete da pročitate kod poznatog ruskog istoričara Zabelina). U dalekoj prošlosti, kad su umesto kuća tu bile humke, umesto trgova – močvare, prekrivene žabokrečinom, umesto ljudi – patke, dođe, neznano odakle, carević Mos i zaprosi, ne zna se zbog čega, carevu kći Kva. Izgradiše usred močvara i bara bračne dvore i proslaviše svadbu. Ali, tek što Mos i Kva ostaše sami, Kva začu da je neko zove po imenu. „Idi" – kaže ona mužu, koji bi pre ženi, nego od nje – „vidi ko me zove"? Mosu krivo, ali izađe, gleda – na humci patka i kva-kva. Otera Mos patku, ali samo što se vratio ženi, već je sa druge humke neko oslovi po imenu. I opet će žena: „Idi – vidi". Razljuti se Mos i naredi da se bračni dvori sagrade na drugom mestu. Ali i tamo, tek što je ostao s mladom ženom, sa svih strana, sa svih humki zovu caricu Kva po imenu, od muža je odvajaju. Zaplaka carica Kva i zamoli da se izgradi kuća na trećem mestu. A zatim i na četvrtom, i na petom, i na trideset trećem. Lupaju sekire, raste kuća za kućom, i kuća do kuće; i tamo gde su bile humke – tamo je krov, gde su bila jezera – sad su trgovi; gde su bile bare i močvare s patkama koje kvaču – sad je veliki grad pun ljudi koji aču na najčistijem dijalektu ruskog jezika. I tada niko više nije mogao da spreči da se Mos i Kva najzad sjedine i samim svojim imenima: „Moskva".

Udaljivši se od ograde, istim laganim korakom pođoh poznatim ulicama. Evo, nalet vetra obori dečaku-prodavcu sandučić s bombonama od marmelade; dečak puzi po zemlji, sakuplja prosute bombone i isplaknuvši ih u obližnjoj barici, uredno ih slaže na sandučić. Idem dalje. Promiču daske poznate ograde: na gornjoj, grejući svoja riđa slova na suncu, pružile se reči: „Stoji kao voda u rešetu". Na trenutak usporavam korak, pokušavajući da slikom dočaram smisao napisanog. I ponovo, s rezignacijom, produžih dalje.

Evo pijanca, leđima oslonjenog na stub s plakatima, s harmonikom među laktovima, koji mu poigravaju: „Eh, jabuko" – peva on – „listići bajni, zavoleo bih te, al se bojim tvojih tajni" – ali, iznenada se obrnuvši, stub s plakatima obara i pevača i pesmu na zemlju. Dalje.

U susret mi se lagano primiče ogroman trg: u centru trga – pet krstova uperila u nebo saborna crkva; pored gromade Saborne crkve – visoko mermerno podnožje spomenika, očigledno srušenog u revoluciji. Moram da priznam da nikada nisam mogao da prođem pored praznog postolja. Necelovitost, nadovršenost, uvek me razdražuje. Tako je bilo i sad: brzo se uspentrah na mermer postolja i zauzeh smirenu, punu dostojanstva, veličanstvenu pozu. Dole je prolazio ulični fotograf. Dovoljno je bilo da bacim srebrni novčić, pa da njegova glava istog časa zaroni pod crno sukno. Stojeći s rukama pruženim ka suncu koje je zalazilo, videh kako oko spomenika lagano raste gomila i s odobravanjem kličući posmatra ovo efektno snimanje. Uostalom, platno će biti rečitije i uverljivije. Evo...

Buran pljesak pozdravi sliku koja iskoči iz projektora na površinu platna. Referent, klanjajući se u znak zahvalnosti, pokretom ruke zamoli za tišinu.

– Ne bih želeo, dame i gospodo, da shvatite to kao aluziju. Ali, nastavljajući priču, moram da izjavim da su se Moskovljani, koji su ispunili trg oko spomenika, lepo poneli prema meni, kao i vi, koji ste ispunili ovu salu: pljesak, povici „vraćajte se",

„do viđenja" i „kome nas ostavljate" nisu mi dugo davali da siđem s postolja; ako tome dodamo i okolnost da je fotograf podesio dugu ekspoziciju, nećete se iznenaditi što sam zakasnio na voz: otišao mi je ispred nosa, ostavivši me samog s kartom u rukama na praznom peronu.

Situacija je bila veoma ozbiljna. Naime, vozovi ka granici polaze iz Moskve (tačnije, polazili su u vreme o kojem pripovedam) samo jedanput mesečno. To je kvarilo sve moje planove, osim toga oduzimalo mi je mogućnost da održim obećanje, dato mojim kontrahentima na Zapadu, čineći mene, barona Minhauzena (teško mi je to i da zamislim i da izgovorim) – lažovom i prevarantom, koji gazi svoju reč.

Ali, nisam imao kud. Vratih se u grad i celu noć presedoh na jednoj klupi na Strasnom bulevaru, razmišljajući šta da radim. U međuvremenu vreme je razvlačilo sekunde u minute, minute u sate: datum sa žiga moje karte, postade jučerašnji, i uto mi sinu misao: a kako bi bilo da pokušam da pronađem jučerašnji dan?

Odmah se uputih u novinsku redakciju i gurnuh kroz šalter za prijem oglasa tekst: „IZGUBLJEN jučerašnji dan. Nalazaču sledi pristojna nagrada..." Itd.

– Dobro, objavićemo za dva-tri dana.

– Molim vas – planuh ja – ali za dva dana to neće više biti jučerašnji, nego ... kako vi to kažete?

– Prekjučerašnji – odgovoriše iza šaltera, a čovek koji je stajao iza mojih leđa u redu posavetova:

– Nakjučerašnji, neka napišu nakjučerašnji, bolje je, za svaki slučaj, pre neće objaviti.

– Ma nije moguće? – uznemiriše me dva saveta

– Ne treba mi ni prekjučerašnji, ni nakjučerašnji,

nego jučerašnji dan, govorim vam na čistom ruskom...
— Ako vam je baš do jučerašnjeg — prigovori šalter — trebalo je da to objavite prekjuče.
— Ma molim vas... — htedoh da ospem pogrde, ali shvativši da samo uzalud tracim vreme, odlučih da idem drugim putem. Preturajući po glavi imena ustanova i lica kojima bih mogao da se obratim, setih se Društva za proučavanje lanjskog snega. Telefonski poziv, kratak razgovor, i kočijaš me vodi u Arhiv Društva. Kola seku grad po dijagonali, prolazimo gradsku kapiju; van grada, po strani od prašnjavog puta, crveni se krov Arhiva, poluzaklonjenog visokim, kamenim zidom. Prilazimo kapiji. Povlačim zarđalu uzicu zvonceta. Uzvrati mi duga, mrtva tišina. Još jednom povukoh uzicu. Iza slepe ograde lagano se približavaju koraci — i začudo: zemlja pod nogama pršti i škripi (šta je to?). Najzad se začu zarđali zvuk ključa — i vratnice okovane bakrom se odškrinuše. Prenerazih se: julski sneg. Da-da, iza ograde, unutar visokog zida je zima, zaostala nekoliko meseci; na golom granju su ledenice, i na sve strane, u lejama starog, opustelog vrta smetovi i prštava, bela snežna kora okružuju trošno zdanje Arhiva. Sluga, poguren, izboran starac, lagano koračajući vodi me alejom do stepeništa na ulazu, a u vazduhu meke bele pahulje nečujno padaju na zemlju. Ne pitam — znam: pada lanjski sneg.

Šef Odeljenja za jučerašnjice, ćelavi gospodin, očiju zakrpljenih plavim staklom, unapred obavešten o mojoj poseti, dočeka me veoma ljubazno.

— Dešava se, dešava — osmehnu mi se — neko propusti trenutak, neko, vidite, život. A ako nam dođe i *diem perdidi*[1], mi, poput biblijske Rute, koja kupi ispušteno klasje, skupljamo požnjeveno i preživelo. Mi ništa ne gubimo: ni jednu jedinu sekundu koja je otkucala. Ruta skuplja Rusiju, ha! Evo – izvolite vaš jučerašnji dan.

I uredno numerisana kutijica, boje paučine mi se primače. Otvorih poklopac: pod njim, umotan u vatu, nakostrešivši čekinje sekundara, koje su se okretale, sanjivo se pokretao moj jučerašnji dan. Nisam znao kako da izrazim zahvalnost.

Plave naočare ponudiše mi da pogledam arhiv Rute-Rusije, ali se ja, u strahu da još jedanput ne izgubim izgubljeno, izvinih i požurih ka izlazu. Pahulje lanjskog snega pratile su me do vratnica. Sav beo, izađoh napolje, i letnje sunce za tren oka rastopi sneg popao po meni i osuši odeću. Uskočih u kola.

– Železnička stanica.

Kočijaš trgnu uzde i mi pođosmo. Ali, nekako, nisam mogao da poverujem u stvarnost onoga što se dogodilo i mada je vreme nevidljivo, moje oči tražile su dokaz. I iznenada, bacivši pogled na ulični časovnik, videh da kazaljka koja pokazuje sate uzmiče natraške po krugu: sa šest na pet, s pet na četiri itd. U susret mi je trčao prodavac novina:

– Vanredno izdanje! Poslednje vesti!

Dodirnuvši kočijaša po leđima, zaustavih ga da bih pet kopejki zamenio za novine. Uzdrhtala srca otvorih načetvoro složen list: hvala Bogu, ispod naslova jasno je odštampan jučerašnji datum. I mi pođosmo dalje.

Sada sam mirno posmatrao ulicu koja je bežala pod točkovima. Evo promače jučerašnji dečak: jučerašnji vetar obori mu sandučić s bombonama od marmelade, i sirotan je ponovo prao bombone u bari i slagao ih na dasku. Evo i pijanca, naslonje-

---

[1] Izgubih dan (lat.) Ovde: izgubljen dan.

nog leđima na stub s plakatima, s harmonikom između laktova, koji su mu poigravali: „Eh, jabuko, listići bajni..." – i ja znam da će se stub s plakatima sada okrenuti i oboriti pevača i pesmu u blato. I ja okrećem glavu – u suštini, „večito vraćanje", o kojem je teoretisao Niče, ako i ne iziskuje kritiku, izaziva zevanje.

Dospesmo, najzad, na železničku stanicu. Ponovo sam na peronu. Voz se postavlja; lagano mili natraške i ulazi u stanicu. Ja, kao formalno mrtav, imam poseban vagon: to je teretni sanduk, sklepan od crvenih dasaka, na četiri točka: na vratima kredom ispisano: „za otv. prt. gr.", iznad vrata zelena crnogorična grana. Sumorno, ali šta da se radi: dopuštam da me utovare. Klizeći po šarkama, vrata se zatvaraju. Sedeći u potpunom mraku, čujem kako plombiraju vagon spolja.

Zatim... zatim dva dana putovanja u mračnom kavezu – dovoljno vremena da razmislim o svemu što sam video i čuo, da odvojim kukolj od pšenice i izvedem konačne zaključke. Ali sve ćemo to, uz vaše dopuštenje, dame i gospodo, zasada ostaviti neraspečaćeno. Završio sam.

Baron Minhauzen se pokloni skupu i koraknu ka stepenicama, koje su vodile s katedre. Ali tu ga zatekoše ovacije. Zidovi Londonskog kraljevskog društva nikada još nisu čuli takav prasak i toliku buku: hiljade dlanova je pljeskalo i sva su usta uzvikivala samo jedno ime:

Minhauzen.

VI Poglavlje
TEORIJA NEVEROVATNOĆE

Baron je bio čovek, prilično sviknut na slavu: budući da je slava od reči, on je znao da je napola osluškuje, pokorno se nameštao pod staklene oči objektiva, s polusmeškom odgovarao polovično, pružao čas tri, čas četiri, čas dva prsta, ne dozvoljavajući da mu se ruka natekne od rukovanja. Sluga u „vili pomahnitalog pasulja" znao je da svaka dva sata mora da prazni korpu za staru hartiju, jer su pisma, telegrami i radiogrami pljuštali uporno kao londonska kiša.

Ali, ovog puta čak ni umeće da se nosi sa slavom, koje je stekao dugim iskustvom, nije moglo barona Minhauzena da spase od izvesnog zasićenja i zamora. Svakodnevno je dobijao diplome zvanja dopisnog člana, doktora filozofije itd, od najrazličitijih akademija i univerziteta; američko udruženje novinara izabralo ga je za svog šefa; na baronovom telu, uzgred rečeno, prilično visokom, više nije bilo mesta za ordenje, te su ga morali kačiti odstupajući u izvesnoj meri od protokola. Španski kralj mu je poslao jezik u zlatu, umetničke izrade, posut brilijantskim prištevima, a jedan sveruski samodržac – bronzanu medalju s natpisom: „Za spas stradalnika".

Izabran je komitet za prikupljanje priloga za izgradnju spomenika Jeronimusu Minhauzenu; novac je priticao sa svih strana u fond Komiteta – i uskoro je na jednom londonskom trgu svečano postavljen kamen temeljac.

Baronu se retko kada pružala prilika da ostane nasamo sa svojom starom lulom; pisaća mašina uzalud je svoje tipke izlagala aforizmima posle ručka: Minhauzen je bio zauzet važnijim i odgovornijim poslom – njegovo predavanje, koje su prenele sve svetske novine, prerastalo je iz dana u dan u knjigu, na kojoj je radio, često se odričući sna i hrane. Doduše, poneki reporter, koji samo što se kroz ključaonicu nije ušunjao u kuću, uspevao je s vremena na vreme da zaustavi Minhauzenovo pero. Večito učtiv, okretao bi svoje ljutito lice servilnom čoveku:

– Deset sekundi. Štoperica je krenula. Čekam: jedan... dva...

Zapanjeni reporter izbacio bi prvo pitanje koje bi mu palo na pamet, poput:

– Koliko rubrika treba da imaju dobro organizovane novine?

I za šesti deo sekunde čuo se odgovor:

– Dve: oficijalnu i kelnersku. Osam... devet... deset. Bila mi je čast.

Stojeći ispred vrata novinar je čitao i pročitavao redak ispisan olovkom, ne znajući šta s njim da radi.

Zapravo, kako su to primetili redovni posetioci „vile pomahnitalog pasulja", baronova narav poče da se kvari. Osim toga: postade nekako hirovit, što kod njega ranije niko nije primećivao.

Prvi njegov hir pokaza se onog, za London značajnog dana, kada su glavnim ulicama prestonice, uz treštanje orkestra i pojanje klera, na svečanim jastucima od brokata proneti: stari trorogi šešir, olinjali kamzol, mač i pletenica trijumfatora. Povorka, koja je krenula od zdanja gradske većnice, trebalo je da prođe kraj kuće samog Minhauzena, a zatim skrene ka Vestminsterskoj opatiji, pod čijim je svodovima, pored najsvetijih relikvija drevne Engleske, Minhauzenov mač, kamzol i trorogi šešir očekivala besmrtnost i častan mir.

Zalaganjem prijatelja, sve pripreme za svetkovinu uspešno su skrivane od Minhauzena. Prijatelji (među njima i i biskup Nortumbrijski) unapred su uživali u utisku koji će ovo veličanstveno iznenađenje ostaviti na najljubaznijeg i najdražeg barona. Ali, predstojalo im je veliko razočarenje: čuvši buku povorke koja se približavala i pojanje klera, baron Minhauzen zalupa cipelama ka prozoru i pogleda napolje, pokušavajući da shvati o čemu se radi. Dole, usred gomile koja se talasala, lagano su klizili brokatni jastuci, a na jastucima njegov – koji je sad to đavo! – Minhauzenov kamzol, pletenica, mač i trorogi šešir. Radosni povici gomile vinuše se u susret baronu, ali se on, ustuknuvši korak, okrenu i spazi biskupa Nortumbrijskog, koji je nečujno ušao u sobu:

– Kuda? – promuklo upita baron.

Sav se sijajući i radosno trljajući ruke, biskup odgovori:

– Do vestminsterskih svetinja. Zbilja, ni svaki kralj nije...

Ali, uto se desi nešto neočekivano, nedolično i nepredviđeno ceremonijalom svetkovine. Naglo pocrvenevši, Minhauzen skine s desne noge cipelu i hitnu je u gomilu, koja je klicala: opisavši polukrug, cipela udari negde između barjaka i svetlucavog brokata, i poput granate koja je udarila o zemlju napravi u gomili široki krater od ljudi, koji se izmakoše.

– Možda vam treba i moj noćni sud? – dreknu baron zanemeloj gomili, nagnuvši se kroz prozor.

Na hiljade zaprepašćenih lica podiže se ka otvorenom prozoru tek da bi videlo kako se on s treskom zalupio. Zbunjeni biskup klisnu na vrata. Organizatori su s teškom mukom uspostavljali narušeni red, i pošto je kraj povorke, još iza ćoška, gurao čelo, povorka po inerciji nastavi da se kreće uz neskladno, falš pojanje hora, barjaci počeše da se usplahireno klate s jedne na drugu stranu, a svetkovina izgubi sjaj i poprimi opori ukus.

Večernja izdanja novina prenela su događaje uvijeno, pažljivo preskočivši i prećutavši neprijatno iznenađenje. Ali bio je to tek početak niza hirova barona Minhauzena, kojima je proveo stanovnike Londona kroz čitavu gamu osećanja: tonika – ushićenje, medijanta – nedoumica, oktava – negodovanje.

Povorka se udaljila i Bejsvoter roud opuste, a čovek, koji je izbio ushićenje iz hiljade glava, koračao je tamo-amo, mrljajući nešto sebi u bradu, zatim seo za sto i počeo da precrtava pasuse i stranice u svojim beleškama. Osetivši tek neznatno olakšanje, pokaza sledeću ćudljivost: dva sata nakon što su relikvije bile smeštene u Vestminster, glavni nastojnik opatije dobio je hitno pismo: pismo, sa grbom loze Minhauzena, oštro i lakonski je zahtevalo da se kamzol, koji je opatija prisvojila, bez odlganja vrati njegovom vlasniku. „Ostajem u nadi" – završavala se poslanica – „da se Ujedinjenom Kraljevstvu Velike Britanje i Obeju Indija nije prohtelo da se bogati oduzimanjem odela sirotom čoveku."

Krajnje zbunjen, nastojnik ode do vikara po savet, vikar ispriča ocu-rizničaru, rizničar... jednom rečju, London još nije uspeo da upali svoja svetla, a odijum reči, preskočivši nazupčanu ogradu opatije, kliznu kroz telefonske provodnike i zašušta u membranama, spremajući se da uroni u omotač prekookeanskog kabla. Atmosfera postade napeta. Pred samu ponoć usledi naredba odozgo: „Prema molbi stranog državljanina, Minhauzena, oduzevši relikviji br. (sledila je cifra) sva prava i privilegije, dodeljene relikvijama, vratiti je pomenutom strancu."

Sutradan ujutro, nijedan reporter nije se usudio ni da se približi pragu kuće na Bejsvoter roudu, ne računajući Džima Čilčera, dopisnika trećerazrednih novina, kome je, inače, svaki prag bio toliko visok da nije mogao da ga prekorači. Čilčer nije imao novca za autobus, te je svoju jutarnju maršrutu, od Oksford strita do Moskou rouda, započinjao pre drugih i prolazio peške; i danas, kao i uvek, išao je dugim zavojem Bejsvoter rouda, klizeći pogledom po ogradi Kensingtonskog parka. Njegova glava, koju je uvukao u ramena zbog jutarnje hladnoće, rešavala je matematički zadatak: ako od penija, koje svakodnevno prištedi na autobus, odbije penije za amortizaciju poderane obuće, sa koliko dana treba da pomnoži datu razliku da bi dobio sumu od dvadeset šilinga i pedeset penija, potrebnu za kupovinu novog para štivletni; rezultat je podsećao na poznati Njutnov zadatak sa kravama na livadi – krave neprekidno žderu travu, ali trava, u međuvremenu, raste – i Čilčer se tako uneo u rešavanje složene zagonetke da nije odmah ni primetio kako ga je neko oprezno uhvatio za desni rukav kaputa, zaustavivši mu korake i brojke. Uostalom, nije bio neko: osvrnuvši se preko ramena, Džim Čilčer ne vide ni žive duše, a ipak nečiji čvrti prsti nisu mu puštali dugmad iznad ručnog zgloba. Čilčer povuče ruku, a za njom krenu duga zelena spirala, koja ni tada iz svojih gipkih vijuga ne pusti njegovu ruku, koja kao se da našla u elastičnoj klopci. Novinar podiže pogled i ugleda zid, potpuno obavijen zelenim obručima i shvati da se nalazi pred „vilom pomahnitalog pasulja". U taj mah vrata kuće širom se otvoriše i stari lakej, bacivši pogled na ulicu, ljubazno upita:

– Vi ste reporter?
– Da-a... Vaš pasulj!...
– Baron poziva – pokloni se sluga, širom otvarajući vrata.

Džim Čilčer bio je tako potresen ovim pozivom da nije ni primetio kako je pomahnitali pasulj pustio svoje obruče. Klecave noge popeše ga uza stepenice do predvorja, gde je sluga već otvarao vrata kabineta barona, koji se ljubazno pridigao da dočeka zbunjenog reportera. Fotelja, predustretljivo primaknuta otpozadi, potkosi mu noge, primoravši ga da sedne, a pitanje, koje ga zapljusnu, nagna reporterove prste da zaigraju po džepovima u potrazi za olovkom i papirom.

– Zaboravili ste notes? – osmehnu se baron. – Ne mučite se da ga nađete – evo ova beležnica će vam ga zameniti. Nema zašto da se zahvaljujete. Olovka? Ona je već svoje uradila: postavila pitanja i odgovorila na njih. Jer vas zanima... oprostite, vaše ime... drago mi je... vas zanima, gospodine Čilčer, zbog čega je Minhauzenu zatrebao kamzol? Zar ne? U vašim rukama je mojom rukom pisani dokaz da kamzol nije potreban meni. Vi se, verovatno, žurite. Ja, takođe.

Džim Čilčer, koji je izleteo na ulicu sav smeten od radosti nije primetio kako su na jutarnjem vetru vragolasto podrhtavali dugi zeleni pipci pasulja koji su poput tanušnih zmija obavijali kuću.

Vanredno izdanje beskičmenih novina, za koje je radio Čilčer, u deset ujutro koštalo je pet penija; u podne su za njega davali šiling; u dva sata se nije moglo nabaviti ni za pola funte. Beskičmenjak je donosio vesti o relikviji – i to je bilo dovoljno da se milioni očiju upere u senzacionalni intervju, koji je problem kamzola, takoreći, izvrnuo naopačke. Ispostavilo se, da Minhauzenovo pero ni na koji način nije vodila želja da bocne britanskog lava, već odluka da dâ pouku o velikodušnosti bodljikavoj zvezdi petokraki: formalni mrtvac iskazivao je svoju duboku zahvalnost darujući svoj dvestagodišnji kamzol Komisiji za poboljšanje života naučnika u SSSR-u; „ARA,[1] nadam se, – završavao je baron svoj intervju – neće odbiti da pošalje moj *textile,* kako bi ga uručili najsiromašnijem ruskom mladom naučniku."

Bio je to tako veličanstven gest, hrišćanski u najboljem smislu te reči, da su ostale novine odbijale da poveruju u saopšteno. Ali, Čilčerove novine imale su u rukama autograf: njegova fotografija, koja je prikazivala kosi baronov rukopis, razvejala je svaku sumnju. Kapital slave, koji je baron, kako se činilo, namerio da proćerda, neočekivano se umnožio, izmamivši mnoštvo krupnih suza, koje se skupiše oko trepavica kao sićušne nule oko kose crte koja označava procente. „Dejli mejl" bio je zadivljen srcem, koje ne posustaje, koje svih svojih sedamdeset otkucaja u minutu posvećuje čovečanstvu. „Tajms" je pisao kako predobri baron Minhau-

---

[1] *American relief administration,* američka organizacija za pružanje pomoći evropskim zemljama postradalim za vreme I svetskog rata, koja je uz dozvolu Sovjetske vlade, 1921. godine, u vreme velike gladi u Povoložju, pružala pomoć u hrani i lekovima i drugim proizvodima i RSFSR-u. – *Prim. prev.*

zen oživljava lik Dikensonovog čudaka, koji i u dobročinstvima ume da bude ekscentričan, dvorski sveštenik kapele Sent Džejmsa održao je propoved o udovičinom prilogu, a svečana „Pel mel", koja, kao što je poznato, vodi do Bakingemske palate, svoj asfaltni tepih prostrla je pod noge Minhauzenu: ukratko rečeno, zakazan mu je prijem kod kralja. Ali, upravo tada i po treći put pokaza se njegova ćud, koja... uostalom, redom.

Baron Minhauzen i mister Vilki Douli su, primakavši svoje fotelje, razgovarali u kabinetu kuće na Bejsvoter roudu. Kroz prozore je bleštao dan, neobično sunčan za grad magli – čak je i na levku trube za slušanje koja se pomaljala iz uveta vremešnog naučnika, profesora Doulija, titrao njegov veseli odsjaj.

– Za jedan sat treba da izađete pred... – i Douli pokuša da odmakne svoju fotelju. Ali, baronovi prsti ostaše na naslonu:

– Jedan sat – to je klatno, koje se zanjiše tri hiljade šest stotina puta. Dopustićete mi, gospodine Vilki, da vama, kao neprikosnovenom autoritetu u oblasti matematičke discipline, izložim jednu svoju sumnju, misao, koja se koleba između dve brojke?

Truba za slušanje primače se bliže baronu, izrazivši svoju spremnost da sluša. Posle pauze od jednog minuta Minhauzen nastavi:

– Ja sam naravno diletant za matematiku. Ali, uvek su me zanimali razrada i praktični zaključci takozvane teorije verovatnoće, kojoj su posvećeni brojni vaši temeljni i iscrpni traktati, poštovani mister Vilki. Moje prvo pitanje glasi: ne dovodi li nas teorija verovatnoće do takozvane teorije grešaka?

Truba klimnu levkom: da.

– Moje pitanje glasi: a šta ako nju teorija grešaka, primenjena na teoriju verovatnoće, smatra za grešku? Hoću da kažem da simbolička zmija, koja sama sebi grize rep, može njime i da se zadavi, zar ne, i tada će uzrok crći od posledice, a teorija verovatnoće ispašće neverovatna, osim ako se za teoriju grešaka ne ispostavi da je pogrešna.

Čelo mistera Doulija namreška se kao površina vode u koju je bačen kamen:

– Ali, molim vas. Bernulijeva teorema...

– Upravo o njoj želim da govorim. Jer, Bernulijeva misao može i ovako da se formuliše: povećanjem broja ogleda povećava se i tačnost izračunavanja verovatnoće, razlika $m/n-p$ postaje neodređeno mala, to jest kako broj proračunavanih događaja sve više i više premašuje jedinicu, njihanje klatna brojki se skraćuje, pretpostavljeno postaje istinito, i teorija verovatnoće dobija pouzdan matematički okvir i praktično postojanje: brojke i činjenice se podudaraju na drugačiji način. Da li sam pravilno izložio zakon velikih brojeva?

Mister Douli je grickao usnu:

– Ako isključimo izvesnu neobičnost vaše terminologije, nemam šta da prigovorim.

– Divno. Dakle, broj takozvanih događaja ili ogleda treba samo da pređe jedinicu i pojavljuje se Bernuli i teorema velikih brojeva i teorija verovatnoće počinje da deluje. Ali, taj isti broj događaja treba samo malo da se skupi, da bude manji od jedinice, i isto tako neminovno se javlja: Minhauzen, kontrateorema, zakon neodigranih događaja i nedočekanih nada, točkovi se vrte u suprotnu stranu – i teorija neverovatnoće radi punom parom. Ispustili ste trubu, ser. Evo – izvolite.

Ali, stari matematičar je već udarao svojim dugim i crnim produžetkom ušiju po naslonu fotelje i rečima po nonsensu:

– Ali, da li ste uzeli u obzir, dragi mister Minhauzene, da teorija verovatnoće operiše celim brojevima, uzimajući svaki događaj kao jedinicu. Vi, kao i svaki diletant, boreći se za matematičke simbole, suviše ih apstrahujete, želite da budete matematičniji od same matematike: opipljiva stvarnost, koja se oblikuje delovanjem – mojim, vašim, koga god hoćete – ne poznaje, naravno, događaje manje od jedinice. Mi, stvarni ljudi u stvarnom svetu ili delamo ili ne delamo, događaji se ili dešavaju ili se ne dešavaju. Naglašavam: račun verovatnoće operiše samo celim brojevima: jedinicom i s njom deljivim.

– U tom slučaju – odbrusi Minhauzen u produžetak, koji stiže da se primakne uz sabesednikovo uvo – u tom slučaju činjenicama i brojevima putevi se razilaze, predstoji im samo da se jedni drugima naklone i rastanu. Vi kažete: „Događaji se ili dešavaju ili ne dešavaju." A ja tvrdim da se događaji uvek samo polovično dešavaju. Vi mi nudite vaše cele brojeve. A šta će oni, ti celi brojevi, necelovitom biću, zvanom „čovek"? Ljudi su razlomci koji se izdaju za jedinice, koji sebe nadopunjuju rečima. Ali, razlomak koji se popeo na prste, ipak nije ceo broj, nije jedinica, i sve što razlomak dela je sitno, svi događaji u svetu necelih su neceloviti. Celi su samo ciljevi necelih, koji se, zapamtite, nikada ne ostvaruju, zbog toga što vaša teorija verovatnoće, koja prepleće nešto o podudaranju očekivanog događaja s događajem koji se desio, ne odgovara vašem svetu neverovatnih stvari, u kojem do onog što se očekuje nikada ne dolazi, u kojem se kune u jedno, a radi drugo, u kojem život obećava da počinje od večitog sutra. Matematičari, koji ostvarenje obeležavaju sa p, a neostvarenje sa q, razumeju se u te svoje znake manje od glupe kukavice koja svima i uvek predskazuje jedno isto: $q=q$.

Vremešni matematičar, ne odmičući svoj levak od reči, odavno je duvao kroz nos i ljutito škljocao veštačkom vilicom:

– Ali, molim vas, mister, zajedno s našim brojkama vi odbacujete i svet. Ni manje ni više. Kada bi vaša... hm... metafizika uzela maha, pretvorila bi se u intelektualni sunovrat. Vi brišete sve brojeve, osim nule. A ja vam kažem: budite lojalniji prema postojanju. Svaki džentlmen dužan je da stvarnost prizna stvarnom, u protivnom će... ma, ne znam, kako da kažem... pa ove ulice, zidovi, London, zemlja, svet – nisu pepeo, koji ja evo dodirom prsta otresam sa cigare: to je daleko ozbiljnije, i mene iznenađuje, ser...

– Mene takođe iznenađuje kako možete da me optužujete da ne poštujem vaše kuće i zidove: jer samo iz urođene učtivosti ne prolazim kroz njih, već pored njih, iako su sve vaše ulice za mene poljski putevi, a palate i hramovi – trava, kroz koje bih mogao da prođem pravo, kad ne bih poštovao zabranu, koja je londonizovala svet: „Ne rušiti tradicije, ne stvarati nove ideje, ne gaziti svetinje." I recite mi, dragi mister Douli, šta vredi beznogima da se sa mnom cenjkaju za moje čizme od sedam milja? Mnogo je jednostavnije i jeftinije da se, ne učinivši ni koraka, vodi rasprava o koračanju.

Na tren razgovor preseče ćutanje, zatim stari profesor reče:

– Sve to nije nezanimljivo. I to je sve. Zidovi stoje gde su i stajali, činjenice – takođe. Pa čak ni pepeo s moje cigare nije nestao, već leži evo ovde – u pepeljari. A vi se, blagorodni mister Minhauzene, sve vreme namerno koristite širokim shemama, da biste izbegli uske i tesne, da tako kažem, činjenice, u koje vaša teorija neverovatnoće nikako ne može da se uđene: ihtiosaurusovim nogama, složićete se, Pepeljugine cipelice su, ha-ha, potesne. Vaša teorija neverovatnoće, oprostite mi, zasniva se na metaforama, naša teorija verovatnoće, pak, rezultat je obrade sasvim konkretnog materijala. Navedite mi bar jedan stvaran primer, i ja ću biti spreman...

– Dobro, iz vašeg rada, mister Douli. Vi pišete: „Ako iz kutije, u kojoj se nalaze crne i bele lopte, izvadimo jednu, s izvesnom verovatnoćom možemo da tvrdimo da će ona biti, recimo, bela, i s potpunom sigurnošću, da neće biti crvena." Ali zar nismo, misteri Douli, zar nismo u svojim sopstvenim životima naleteli na zamršen slučaj, kada su u kutiji bile samo crne i bele, a ruka istorije je – izazvavši opštu zbrku – izvukla... crvenu.

– Opet metafore – uzviknu profesor – ali mi smo se zapričali, a vreme prijema se bliži. Bojim se da nećete uspeti da mi date nijedan konkretan primer nijedne neverovatnoće, ostajući na čistoj teoriji.

– Ko zna – pridiže se Minhauzen za gostom, koji je ispravljao svoja kruta kolena.

Dole, kroz debeo zid, začu se šum kola, koja se zaustaviše pred ulazom. Odozdo, stepenicama približavali su se koraci sluge, koji je dolazio da izvesti da je vreme za polazak.

– Ko zna – ponovi Minhauzen, veselo škiljeći u sagovornika – recite, koji biste postupak čoveka, kome za dvadeset minuta predstoji prijem kod kralja, prihvatili da nazovete najneverovatnijim?

– Ukoliko bi taj čovek... – poče Vilki Douli, ali se na pragu pojavi sluga.
– Dobro, recite Džoniju – sad ću ja. Idite. Sav sam se pretvorio u uvo, mister Douli. Rekli ste: ukoliko bi taj čovek...
– Pa, da... ukoliko bi taj čovek – vi govorite, naravno, o sebi, mister – onog časa, da budemo precizniji – onog trena, kada bi trebalo da se sretne sa kraljem, okrenuo kralju... leđa...
– Mister Douli – pokloni se Minhauzen do samog levka trube – dajete li reč jednog džentlmena da nikome nećete reći o ovoj stvarčici koju ću sada da izvadim iz džepa od prsluka?
– Možete biti mirni. Nikom živom.
Mesečev kamen na baronovom prstu zaroni u džep od prsluka i – istog trena ponovo zablista: između kažiprsta i palca, primičući se uplašenim Doulijevim očima, žuteo se karton vozne karte:
– Molim da proverite žig: voz je u četiri i devetnaest, prijem u četiri i dvadeset. Uostalom, vi bolje poznajete London, recite: može li da se izađe na peron Čering Krosa, a da se ne okrenu leđa Bakingemskoj palati?
– Ali, to je ne...
– Neverovatno, hoćete da kažete? O, poštovani mister Douli, da bi se ostvario još jedan plan, potrebna je još jedna neverovatna stvar, na koju ja sa sigurnošću računam. Približite trubu... tako. I ta neverovatna stvar sastoji se u tome da će čovek, koji je dao reč, nju i održati. Zar ne, ser?
To je bio treći hir barona Minhauzena: uspeo je da izbegne udarac teške šape britanskog lava. Od Londona do Dovera samo je dva sata puta. Osim toga, zar je čoveku, koji se izmigoljio između pet zraka, teško da mimoiđe pet kandži.

VII Poglavlje
BADENVERDERSKI PUSTINJAK

U 4.22 kralj nabra obrve. U 4.23 dvorski ceremonijar polete na telefon da pozove Bejsvoter roud: iz „vile pomahnitalog pasulja" odgovoriše da je baron izašao. Ceremonijar naredi da se kazaljke na satu vrate pet minuta unazad i zapovedi da se otvore vrata između unutrašnjih odaja i sale za prijem. U 4.25 po zidovima palate zašuška reč „šoking". U 4.30 kralj gnevno trgnu rame, okrenu se na petama, a ceremonijar, uhvativši monarhov pogled, izjavi dvorskim činovnicima da se prijem otkazuje.

Ali, bilo je već kasno: kralj je bio prinuđen da čeka! Ako je tačnost učtivost kraljeva, tačnost prema kralju sveta je dužnost. Deset vekova istorije srušeno je za deset minuta: kralj je čekao. Čak ni dželati, koji su odsecali glave engleskim kraljevima, nisu smeli ni sekundu da zakasne, i mač je udarao istovremeno s udarom zvona na starom časovniku Tauera, i odjednom... nekakav pridošli brbljivac. Nemački agent koji se motao s moskovskim boljševicima... Deset vekova tromo se valjalo, da svojim grobnim kamenjem navali, ali deset minuta, klateći noge na velikoj skazaljci, veselo je otkucavalo: čekao je – čekao – čekao – čekao.

Verzija da je Minhauzena, na putu od kuće do dvorca, otela komunistička banda, održala se svega nekoliko sati. Šofer Džoni posvedočio je da je lično odvezao barona na stanicu, na voz u 4.19. U baronovoj kući izvršen je pretres, ali ništa sumnjivo, osim leve cipele, ostale bez svog para, nije pronađeno. Uvaženi Vilki Douli koji je razgovarao s baronom pola sata pre nego što je veličanstvo uvređeno (svedočenje posluge), takođe je saslušan, i tom prilikom se ponašao kao saučesnik: na pitanje – da li je znao ili nije – usledilo bi samo: „Dao sam reč, i ni reč više" – i teorija neverovatnoće, kao da slavi pobedu, strpala je ni za šta krivog naučnika u tamnicu, u kojoj je nedugo zaitm i umro ili od starosti ili od jada.

Radovi na podizanju spomenika baronu Jeronimusu fon Minhauzenu odmah su, naravno, prekinuti, i nasred širokog londonskog trga, okruženog kruženjem točkova i piskom automobilskih sirena, još dugo se dizalo prazno postolje, koje bi ponekog čoveka s dobrim pamćenjem podsetilo na Minhauzenovu priču o njegovom poslednjem moskovskom danu.

Britanska štampa, na leđa koja su svoje lopatice pokazala kralju, reagovala je energično: ali bez mnogo reči iz čitave gomile književnih korita izliše se pomije, posle čega korita poturiše pod nove teme novih dana. Džim Čilčer uspeo je da kupi nove štivletne, i to beše sve: njegova karijera beznadežno je propala, i Njutnove krave zajedno s algebarskom travom požderaše i sve cveće njegove nade.

U to vreme, stigavši na kopno, baron Minhauzen se vrteo po spletu železničkih niti kao pauk kome su pokidali paučinu. Pozornik, koji je u noćnoj smeni bio na uglu Fridrihštrase i Unter-den--Lindena, video je baronov automobil kako juri u pravcu Aleksander placa. Ali u podne, kada se vest o baronovom iznenadnom dolasku pronela gra-

dom, portir kuće na Aleksander-placu na sve pozive odgovarao je :
— Došao i otišao.

Tog istog jutra, dežurni činovnik u ministarstvu dobio je paket, s adresom, napisanom njemu poznatim Minhauzenovim rukopisom. Činovnik je predao paket svom šefu. Činovnik nije bio brbljivac, pa ipak nije mogao da se uzdrži a da ovde-onde ne ispriča o čudnom napisu u desnom uglu koverte: „Adresa pošiljaoca: grad — Svuda, ulica preko deset mora, kuća preko deset gora".

Dan kasnije, nekom baronovom poznaniku iz Berlina, dok se vraćao iz Hanovera u prestonicu, učini se da na jednoj od usputnih stanica vidi Minhauzenovo lice na prozoru voza iz suprotnog smera, koji je čekao signal za polazak. Berlinac podiže polucilindar, ali prozori vagona kliznuše kraj prozora drugog vagona, i polucilindar, ne dobivši odgovor, spusti se zbunjenom krivuljom natrag i pritisnu slepoočnice.

Prošlo je nekoliko meseci. Polja podšišaše na jež. Kiše slegoše letnju prašinu. Davno li to beše kada jata ždralova presekoše nebo, poput krivih bumeranga, s juga na sever, da bi se sada — zatvarajući krug — spuštala nazad na jug. Ime Minhauzena, koji je netragom nestao, ispočetka podiže veliku buku, zatim se stiša i zamuknu. Glasine su poput zvuka, bačenog među planine: razleže se eho za ehom, pauze rastu, poslednji nejasni odjek — i opet mrtva tišina, koja gigantske uši procepa ćuli u susret novom zvuku. Minhauzenovi poklonici i poštovaoci nastaviše da se klanjaju i poštuju nekog drugog. Prijatelji... ali zar veliki Stagiranin[1] nije davno rekao:

---

[1] Ovde: Aristotel

„Dragi moji prijatelji, znajte da na svetu prijatelja nema." Vredno pažnje jeste to što se na ovu okolnost ipak požalio... prijateljima. Ovu psihološku antinomiju ovde navodimo samo zbog toga da se čitalac ne bi začudio kada čuje da je jednog jesenjeg jutra pesnik Ernst Unding dobio pismo, potpisano sa „Minhauzen".

Undingovi prsti podrhtavali se dok je iščitavao škrte redove, koji su stigli u uskoj, neprozirnoj koverti. Baron ga je molio da mu ne odbije „poslednji susret s poslednjim čovekom". Usledila je adresa, koju je predložio da zapamti i uništi.

Moglo je lako da se desi da Unding s nevericom primi reči iz uske koverte: još se živo sećao praznog perona i vozova koji promiču. Ali, dogodi se to da se, prebrojavši marke, koje je zaradio u firmi „Veritas", istog dana uveče zaputi linijom Berlin – Hanover.

Postupajući po volji pisma, Unding, koji se celu noć nemirno vrteo na tvrdom sedištu vagona druge klase, siđe dve-tri stanice pre Hanovera. Seoce, koje se pripilo uz samu prugu, spavalo je i samo su petlovi, prekidajući jedan drugog, najavljivali zoru. Došavši do poslednje kuće – kako je opet nalagalo pismo – trebalo je da zastane, pokuca i traži Mihaela Hajnca. Na kucanje se pomoli nečija glava i čuvši ime, ne pitajući ništa više, reče:

– Dobro. Trenutak.

Iza dvorišne ograde začuše se, zatim, kopita i točkovi, trenutak kasnije zaškripa kapija – i seljačka kola, izjurivši napolje, podmetnuše putniku svoju gvozdenu papuču.

Uto se linija zore ocrta na horizontu. Mihael pobode konje; pljusnuvši preko bara, točkovi krenuše pravo u susret zori. Unding, gurnuvši ruku u bočni džep, napipa – pored oštrih uglova koverte – nadvoje presavijenu svesku. Osmehnu se zbunjeno, ali s ponosom, kao pesnici kada ih mole da recituju stihove. Put se pružao kroz ogoljena polja. Zatim zamače za brdo; sunce koje se dizalo tuklo im je u oči; okrenuvši se u levu stranu, Unding ugleda niz četvororukih vetrenjača, koje su gostoprimljivo mahale u pozdrav kočiji, ali Mihael povuče desnu vođicu i kočije, okrenuvši se mlinovima zadnjim točkovima, pojuriše sporednim putem, krećući se ka modrosivom svetlucanju jezera. Zatutnja most pod naplacima, zagakaše patke koje behu nasred druma, bežeći pred kopitama, i Mihael, uperivši svoj dugi bič prema crepu nekoliko krovova, koji su se žuteli pod dvostrukim zagrljajem drveća i kamene ograde, reče:

– Badenverder.

Širom otvorena kapija čekala je gosta. Alejom parka, u susret im je išao stari, pogureni majordom, oslanjajući se na štap i vukući nogu. Duboko se naklonivši, pozva gosta u kuću:

– Baron je bolestan. Očekuje vas u biblioteci.

Savlađujući nestrpljenje, Unding je jedva zadržavao mišiće, usporavajući korake prema hramanju starca. Prođoše ispod spleta grana kao iz mašte. Drveće je stajalo u gustom nizu, a duge jutarnje senke prekrivale su aleju crnim ćilimom. Dođoše do kamenih stepenica na ulasku u kuću. Dok je majordom tražio ključeve, Unding prelete pogledom po trošnom, tu i tamo ispucalom i uleglom zidu: levo i desno od ulaza – iz sivo-žutog maltera, dopola ispranog kišama, pomaljala su se gotska slova natpisa. S desne strane: „Crveno i belo ne kupujte, ni 'da' ni 'ne' ne govorite." S leve: „Onaj ko me je gradio, nije živ; onog, ko u meni živi, čekaju oni koji nisu živi."

Daske poda, škripeći pod nogama, provedoše ih kraj čudnovate šume jelenskih rogova, koji su poput razgranatih horizontala izbijali iz zida. Po isprepletenim arabeskama tepiha sluga i gost prođoše pored niza potamnelih portreta, na koje je padala slaba svetlost sa uskih pozora. Zavojite stepenice, najzad, brzo završeše korake, odozgo se širio blag miris memle od knjiga – i Unding se obrete u dugom, mračnom salonu s prozorom šiljastog luka u dnu. Duž zida stisli se ormani i police; činilo se, uklone li se hrpe knjiga, koje su podupirale tavanicu, ova će, izgubivši oslonac skliznuti nadole, spljeskavši usput radni sto, fotelje i onog ko sedi u njima.

Ali, u taj mah fotelje behu prazne: Minhauzen je, čučeći, ređao po podu neke bele kvadratiće. Udubljen u svoj posao, sa skutovima starog šlafroka koji su se vukli po podu, nije čuo Undingove korake. Ovaj se približi:

– Šta to radite, dragi barone?

Minhauzen se hitro diže, stresajući s kolena kvadratiće; ruke se sretoše u čvrstom i dugom stisku.

– Eto, najzad. Pitate šta radim? Opraštam se od alfabeta. Vreme je.

Tek tada Unding spazi da su kvadratići, razbacani po šari tepiha, bili obična azbuka na kartončićima, na kojima se nalazilo po jedno crno slovo grčkog alfabeta. Jedno od njih zaostalo je među baronovim prstima.

– Ne čini li vam se, dragi Undinže, da omega svojim oblikom neobično podseća na mehur s pačjim nožicama. Evo pogledajte pažljivo – primače on kvadrat gostu – a u isto vreme, ma kako to bilo tužno, to je jedino što mi je ostalo od celog alfabeta. Uvredio sam slova, i ona su otišla, kao što miševi odlaze iz opustele kuće. Da-da. Svaki đak, slažući ove znake, može da uči da spaja svetove. Ali, za mene su znaci izgubili značaj. Treba stisnuti zube i čekati da se ovaj sluzavi mehur na pačijim nogama, nečujno koračajući, prikrade iza leđa i...

Govornik baci omegu na sto i zaćuta. Unding, koji nije očekivao ovakav uvod, zabrinuto je posmatrao Minhauzenovo lice: neobrijani obrazi upali, jabučica poput oštrog trougaonika probila liniju vrata, ispod zgrčene vijuge obrva, sa dna očnih jabučica, gledaju stoleća; ruka, kojom je uhvatio svoje šiljato koleno, ispala iz rukava od šlafroka poput požutelog, svenulog lista, prekrivenog spletom kostiju-žilica; mesečev kamen na kažiprstu izgubio sjaj, potamneo.

Neki minut vladala je tišina. Zatim, negde kraj zida zakrča opruga. I gost i domaćin okrenuše se prema zvuku: bronzana kukavica, izvirivši nad brojčanikom, zakuka devet puta. Minhauzenu zaigra jabučica.

– Glupa ptica me žali. Komično, zar ne? Uz moju omegu ona nudi svoje „ku" – slovo, kojim matematičari označavaju nepodudarnost zadatog i određenog, neuspeh. Ali, meni ne treba taj ptičji poklon: odavno sam iza sebe ostavio svet u kojem je neuspeh ispred uspeha, u patnji radost i u samoj smrti vaskrsenje. Zadrži, kukavice, za sebe svoje „ku" – jer to je sve što imaš, ako ne računamo oprugu, koja ti zamenjuje dušu. Ne, dragi moj Undinže, brojčanički točak, koji se okreće uz pomoć svoja dva paoka, naplatkom će pre ili kasnije o kamen – i krak.

– Upravo tako – pridiže se pesnik – slike su nam se ukrstile, i ako dopustite...

Undingova ruka kliznu u džep kaputa. Ali, Minhauzenove oči ravnodušno su gledale negde u stranu, oko usana su mu se mreškale bore mrzovolje. I listovi sveske, zašuštavši pod prstima, ne napustiše svoje skrovište. Tek tada Undingu postade jasno da su za čoveka, koji se oprostio od alfabeta, sva ta slova, kojima se spliću strofe i misli, nešto beskorisno i zastarelo. Dlan gosta vrati se na naslon fotelje i on shvati da se druga veština, osim veštine slušanja, od njega ne traži.

Vetar je njihao žuto lišće, katkad dotičući granom prozor, pod zanemelom kukavicom ravnomerno je tuklo klatno. Baron podiže glavu:

– Možda ste umorni od puta?

– Ni najmanje.

– A ja sam se, eto, umorio. Iako i nije bilo nikakvog putovanja, osim tapkanja po trouglu: Berlin – London – Berlin – Badenverder – London – Berlin – Badenverder. I to je sve. Možda vas čudi što sam iz maršrute isključio Moskvu?

– Ne, ne čudi me.

– Odlično: znao sam – razumećete me smesta. Ma koliko se razlikovali u svojim pogledima na poetiku, obojici nam je jasno kao dan: nemoguće je okrenuti se licem svome „ja", a da se ne pokažu leđa svome „ne-ja". I naravno, ja ne bih bio Minhauzen ukoliko bih naumio da tražim Moskvu... u Moskvi. Za ljude smisao čine neke datosti, u koje može da se uđe i izađe, pošto se ostavi ključ kod vratara. Ja sam oduvek znao samo za sazdano, i pre nego što u kuću uđem, moram da je sagradim. Razumljivo je da sam prihvativši „SSSR" kao svoj zadatak, samim tim dobio moralnu vizu za sve zemlje na svetu, osim SSSR. I ja pođoh u svoj stari, tihi Badenverder, evo ovamo – u tišinu, među police s knjigama, gde sam mogao mirno da zamislim i stvorim svoju MSSR. Izgubivši se svima iz vida, uvih se u svoju gluvu i skučenu čauru, da bih je kasnije, kada dođe moj čas, probio i prosuo po vazduhu šareni prah nad sivom zemljanom prašinom. Ali da metafora bude prikladnija, mašti bolje pristaju krila slepog miša od leptirovih krila. Vama je, sigurno, poznat ovaj ogled: u mračnu sobu, u kojoj su niti razapete od zida do zida i na svakoj niti okačeno po jedno zvonce, puštaju slepog miša: koliko god da stvorenje kruži, sekući krilima tamu, ni jedno jedino zvonce neće zazvoniti – krilo uvek mimoilazi nit, nepogrešivi instinkt provlači spiralu leta kroz splet prepreka, ne dajući krilima da udare u nevazduh.

I ja svoju maštu gurnuh u mračno i za mene prazno četveroslovlje: SSSR. Letela je ona od znaka do znaka, i meni se činilo da krilima nijednom nije zakačila stvarnost, fantazmi su klizili mimo činjenica, sve dok nije počela da se ocrtava nestvarna zemlja, svet, izvučen iz mog, Minhauzenovog oka, koji, s moje tačke gledišta, nije bio nimalo gori, ni bleđi od sveta koji se svojim zracima na silu utiskuje spolja u naše oči.

Radio sam s ushićenjem, unapred uživajući u trenutku, kada će se građevina od maštarija, s mukom naslaganih jedna na drugu, zaljuljavši se, stropoštati na glave mojih slušalaca i čitalaca. Ah, kako će zinuti londonska zazjavala, koja beče oči na zelene spirale mog pasulja, kada zapletem njihove umove u šarene spirale fantazija!

Samo jedna okolnost remetila je slike i slabila kompoziciju: naumivši da i ovoga puta, kao i uvek, u tuđe umove utisnem svoje opsene, morao sam da pronađem padinu i strminu od uzvišene mašte do vulgarne laži, jedino dostupne očima u naočnjacima, koristeći se mutnim umovanjem od šesnaest sveća i uobraziljom kratkog dometa. Morao sam, kao i uvek, da prigušim boje, zatupim oštricu, uzmem za potku tkanja uobičajeno novinsko naklapanje na koje su ljudi navikli, zadržavši jedino patke. Ovako ili onako, kada sastavljanje Rusije bi završeno, evo ove spiralne stepenice vratiše me ljudima. Rezultat mojih nastupa vam je poznat.

Ponovo se nađoh pred očima, u mene izbečenim, ušima koje gutaju svaku moju reč, dlanovima ispruženim da prihvate stisak, milostinju ili autograf. Stari gnev umetnika, primoranog da dvesta godina bez prestanka slabi formu, iz nekog razloga ovog puta se u meni snažno probudio. Kad će već jednom, razmišljao sam, ta stvorenja koja oko mene trčkaraju, shvatiti da je moje biće tek puka ljubaznost. Kada će najzad uvideti i da li će ikada uvideti da plodovi moje čiste fantazije dolaze na svet po divljenje i osmehe, a ne blato i krv? I tako to uvek kod vas na zemlji biva, moj Undinže: sitni mistifikatori, svi ti Mekfersoni, Merimei i Čestertoni, koji mešaju vino i vodu, zbilju i izmišljotinu, proglašeni su za genije, a ja, majstor čiste, besprekorne fantazije, odbačen sam kao isprazan lažljivac i praznoslov. Da-da, ne protivurečite, znam ja, samo se još u dečijim sobama veruje staroj budali, Minhauzenu. Ali, i Hrista su samo deca razumela. Zašto ćutite, ili se gnušate rasprava sa smetenjakom, koga su sopstvene pometnje smele? Evo gorke zemaljske plate: za more reči – ćutanje.

Unding očima potraži oči i tiho pomilova suve kosti Minhauzenovih ruku: u mesečevom kamenu, na savijenom prstu-kuki, iznenada opet zatitra mutni, slabi sjaj. Minhauzen smiri dah i nastavi:

– Oprostite starcu. Žuč. Uostalom, sada će vam biti lakše da shvatite moje tadašnje stanje razdraženosti i nervne napetosti. Bio je dovoljan i najmanji povod... na povod nije moralo dugo da se čeka. Sećate li se našeg razgovora u Berlinu, kada sam, pokazujući na kuke u mom ormanu...

– Prorekli – prihvati Unding – da će pre ili kasnije vaši kamzol, kika i mač, na jastucima od brokata, otići u Vestminstersku opatiju.

– Upravo tako. I možete li da zamislite kakvo je bilo moje zaprepašćenje, kada sam jednog prokletog jutra, širom otvorivši prozor, video tu starudiju; sletevši s kuka na brokat, klizila je nad glavama gomile pravo u Vestminster. Prvi put za dvesta godina rekao sam istinu. Obraze mi obli rumen stida, u glavi poče da bruji, kao da je krilo slepog miša zakačilo nit zvonceta. Ha. Fantazija je udarila u činjenicu. Šok je bio tako neočekivan i jak, da nisam odmah mogao da se priberem. Te budale, koje su na ulici galamile, naravno, ništa nisu shvatale. Čudi me da njihovi popovi nisu kanonizovali i moju cipelu, uvrstivši i nju među svoje relikvije.

Preostali deo dana proveo sam nad konceptom knjige, posvećene SSSR-u. Sada mi se već činilo, da se čas ovaj, čas onaj odlomak ogrešio o neistinu; mnogo redova beše precrtano perom; ali kad sam već posumnjao u istinitost svojih reči, ja, razumete, nisam više mogao da se smirim i pričinjavalo mi se da mi se u svakoj reči potkrala istina. Uveče odložih iskasapljen rukopis i teške misli me ophrvaše: nisam se valjda od istine razboleo, nije li se ta strašna i sramna *morbus veritatis*[1], koja vodi ili u patnju ili u bezumlje, ušunjala i u moj mozak.

[1] Bolest istine (lat.)

Iako je napad bio kratak i slab, ipak svi ti Paskali, Brunoi, Njutni počinjali su od sitnica, a posle – brr... akutno u hronično, *hipotesas non fingo*[1].

Posle nekoliko dana premišljanja dosetih se i odlučih: da ostavivši se nagađanja i sumnjičenja, uporedim portret s originalom, zemlju, izvučenu iz otvora mog pera, s pravom zemljom, zatvorenom u svoje granice. Napustivši London, vratih se ovde, u svoju samoću. Na putu se zadržah samo nekoliko sati u Berlinu: morao sam da prekinem svoju diplomatiju i obezbedim sebi mir i nemešanje. Poslao sam im sva punomoćja, priloživši pismo, u kojem sam izjavio da ću na prvi pokušaj da se otkrije tajna mog boravišta odgovoriti otkrivanjem njihovih tajni. Sada sam mogao da budem miran: obaveštajna služba neće dozvoliti da se o meni traže obaveštenja, a i radoznalaca, smatrao sam, svakim danom biće sve manje: slava, kao i Minhauzenova patka, sklopila je krila i više ih nikada neće raširiti.

Trebalo je oslušnuti rukopis i početi s lečenjem. Uz pomoć nekoliko figuranata počeo sam prepisku s Moskvom, uspeo da nabavim njihove knjige i novine i koristeći se uporednom metodom, da povežem proučavanje Rusije unutar njenih granica s onom u inostranstvu, čija je nam je štampa i književnost svima nadohvat ruci. Počevši sistematski da ispravljam rukopis, čvrsto sam odlučio da tamo gde nađem paralelu između pripovedanja i stvarnosti, postupim kao muzičar koji svirajući s partiture neleti na paralelne kvinte.

Malo-pomalo materijal je počeo da pristiže i da se gomila: na stotine koverata iz dalekog odande letelo je evo ovamo – Minhauzen uperi prst u polu-

---

[1] Hipoteze ne stvaram (lat.)

mračan kut biblioteke, u kojem je, leđima okrenut hrbatima knjiga, savivši tanke nožice, kao da nosi teški teret, stajao starinski upijač – da, na stotine koverata, i svaki od njih, tek što bi mu pocepali usta, počeo bi da govori takve stvari, da... ali vi, možda mislite da ja preterujem: avaj, bolest me je lišila i te radosti. Pogledajte sami. Evo.

Vodeći za sobom Undinga, Minhauzen priđe upijaču i podiže kosi poklopac: pod njim se belela hrpa otvorenih koverata; kroz prozore maraka, koje su se odozgo šarenile, izvirivali su čovečuljci u crvenoarmejskim šlemovima i radnim bluzama. Minhauzenovi prsti, isprevrtavši tu gomilu, nasumice izvukuše jedno pismo. Za njim drugo, pa treće. Pa još i još. Pred Undingovim očima zaigraše redovi ispisani mastilom. Dug Minhauzenov nokat, skačući s lista na list, vukao je za sobom pažnju čitaoca:

– E pa, evo, ovo bar: „Genosse[1] Minhauzen, povodom problema gladi u Povoložju, za koji ste se interesovali, hitam da vas umirim: podaci, koje ste izneli na vašem predavanju, nisu toliko netačni koliko su nepotpuni. Stvarnost je, dozvolio bih sebi da to kažem, unekoliko prevaziš..." Kako vam se dopada? Ili evo ovo: „Poštovani kolega, nisam ni znao da je ugasla priča o neugasloj mesečini odjek čina koji se zbio na vašem putu od granice ka Moskvi. Sada mi je jasno da je autor priče, svojevremeno ugašene, obmanuo čitaoce u pogledu njenog izvora, vi ste u potpunosti u pravu – od reči do reči – samo vi... Dopustite mi da kao pisac piscu..." Kakva neverovatna glupost: tako nešto nikada ne bih mogao da smislim. Ili ovo: „... a što se praznog

---

[1] Druže (nem.) – *Prim.prev.*

postolja tiče, takvo postoji. Jedino nikakav Minhauzen, dopustite da vas izvestim, nije na njoj stajao, već je sedeo – tri-četiri dana – car Aleksandar od papirmašea, pa i njega su konopcima skinuli, a što je bilo prazno i sad je prazno, a da li će nešto drugo biti, ne znamo. I natpis za „vodu u rešetu" je bio, sâm sam video, samo su ga sada, otkako se kod nas gradi, bojom premazali. I još, ako sumnjate..."
I tako dalje. Bolje je ovo ovde – nokat prelete preko redova – jeste li pročitali? I evo ovde. Da li sam mogao i da pomislim? Ne, vi recite, šta je to: da li sam ja poludeo ili...

Unding nije čestito ni prste odmakao – a poklopac upijača s treskom se zalupi i potpetice gnevno zalupaše od upijača do fotelje. Osvrnuvši se, Unding ugleda: Minhauzen je sedeo, lica zagnjurenog u dlanove. I nasta duga pauza, pre nego što se ponovo prihvatiše priče.

– Dotukoše me knjige njihovih emigranata. Pišući svoju priču o moskovskim budžacima i proroku, nisam znao da će se naći ljudi koji će tako lako nadmašiti moju maštu i ismejati lažova, koji se ispucao. Ne zavidim, već sam žalostan, kao što može da bude žalosno staro, ogolelo drvo, koje vene, sa svih strana pritešnjeno bujnim mladicama.

Ali, manimo se lirskog raspoloženja. Mogao bih da nastavim s revizijom, ali od mene je dosta. Video sam: činjenice se u osnovnim crtama pretvoriše u fantaziju, a fantazija u činjenice, i mrak oko slepog miša odzvanjao je hiljadama zvončića; svaki udar krila o nit, oko svake reči, svakog poteza pera – vazduh je, nanizan zvonjavom smeha. I sada to čujem. I na javi, i u snu. Ne-ne. Dosta je. Neka raskrile tamu i puste šišmiša: zašto da se muči, kad je ogled propao!?

Vi ste, sigurno, ljuti na mene, prijatelju, razmišljate: zbog čega me je zvao – preko stotinu kilometara – to ni meni, ni sebi potrebno gunđalo, zbog čega..,
— Kada biste znali kako ste za mene vi jedinstveni, ne biste to govorili, učitelju!
Minhauzen namesti prsten, koji mu je skliznuo s usahlog prsta i činilo se da se osmehuje nekim sećanjima:
— Uostalom, nisam ja – bolest vas je pozvala. Nisam mogao ni da pomislim da ću se ikada ispovedati, pričati o sebi kao stara kurva u rešetku ispovedaonice, da ću prevaliti istinu preko svojih usta. Jer, znate, još u detinjstvu moja omiljena knjiga bila je vaša nemačka zbirka čuda i legendi, koju je srednji vek pripisivao izvesnom svetom Nikom. Mudri i blagougodni *der heilige Niemand* bio je prvi svetac kome sam upućivao svoje detinje molitve. U njegovim šarolikim pričama o nepostojećem sve je bilo nešto sasvim drugo, drugačije, i kada sam ja, tada još desetogodišnji dečak, drugojačio to njegovo Drugačije, pokušavao da u tajanstvenu zemlju nepostojanja uvedem i moje drugove iz igre i škole, oni su me zvali lažljivkom, i ne jednom sam, vojujući za svetog Nikog, naletao ne samo na podsmehe, već i na pesnice. Uza sve to, *der heilige Niemand* mi je uzvratio stostruko: uzevši mi jedan svet, dao mi ih je na stotine. Jer ljudi su tako uskraćeni za svet: svima im je dat samo jedan primerak, siroti se svi neprestano stiskaju u svom jednom jedinom, a ja sam još u mladosti dobio na dar nepregledno mnoštvo vaseljena, i to – ja sâm. U mojim svetovima vreme je brže proticalo i prostor je bio prostraniji. Još se Lukrecije Kar pitao: ako praćkaš koji stoji na kraju sveta hitne svoj kamen, gde će

kamen pasti – na crtu ili iza crte? Ja sam hiljadu puta dao odgovor, jer moja praćka gađa jedino preko granica postojećeg. Živeo sam u beskrajnom carstvu mašte, i rasprave filozofa, koji jedan drugom otimaju istinu iz ruku, podsećale su me na tuču sirotinje oko bakrenjaka koji im je bačen. Nesrećnici nisu ni mogli drugačije: ako je svaka stvar jednaka sebi samoj, ako se prošlost ne može drugačijom napraviti, ako svaki objekat ima jedan objektivni smisao, a mišljenje je upregnuto u spoznaju, nema drugog izlaza, osim u istinu. O, kako su mi smešno izgledale sve te učene glave, unifikatori i umnici: oni su tražili (poput Grka), „jedno u mnoštvu", i nisu ga nalazili, a ja sam umeo da pronađem mnoštvo u jednom; oni su zatvarali vrata, držeći ih pritisnute uz prag svesti – a ja sam širom otvarao njihova krila u ništa, koje i jeste sve; prestao sam da se borim za svoje postojanje, koje ima smisla jedino u teskobnom i oskudnom svetu, u kojem nema dovoljno života za sve, da bih otpočeo borbu za nepostojanje: stvorio sam svetove, do kraja nestvorene, palio i gasio sunca, razarao stare orbite i ucrtavao u vasionu nove puteve; nisam otkrivao nove zemlje, o ne, izumevao sam ih; u teškom nadmetanju fantazije i činjenica, koje se odvija na šahovskoj tabli, čija polja čine linije meridijana i paralela, posebno mi se dopadao onaj trenutak koji šahisti označavaju sa dve tačke, kad, sačekavši svoj potez, fantazijom ukloniš činjenicu, stavši nepostojećim na mesto postojećeg. I uvek, bez izuzetka pobeđivala je fantazija – uvek i bez izuzetka, sve dok ne nabasah na zemlju, o kojoj je nemoguće izreći laž.

Da-da, na kvadrat ravnice, između crnih i belih voda, na koji se zguralo toliko smislova da im se broja ne zna, koji je u sebi spojio toliko nespojivih stvari, koji se razmakao u takve daljine, od kojih daljeg nema, koji je istakao takve činjenice, da fantaziji preostaje jedino – da se povuče. Da, Zemlja o kojoj je nemoguće izreći laž! Nisam mogao ni da zamislim da će ta džinovska crvena kraljica, probivši liniju mojih pešaka, izokrenuti čitavu igru: sećam se kako su je napale gotovo sve moje figure; sa srcem koje je pobednički tuklo iskosih pešaka na kraljicu – i zbrisah je; ali osmeh mi ni ne zaigra na usnama, kad ugledah svog pešaka kako se naduvava i rasprkava i na neobjašnjiv način preobraća u tek zbačenu crvenu kraljicu. To se dešava samo u snovima: padajući u košmar, zgrabih nakostrešenu grivu svog konja i cik-cak potezom ponovo oborih rumenu kraljicu s table; čuo sam kako s treskom svojim džinovskim šiljcima udara o zemlju, i na praznom mestu eto opet nje kako nad mrežom meridijana podiže svoje krvave šiljke; izvrših rokadu i pravac topom; opet tresak oborenog i opet preobraćenje; razjaren jurnuh na prokleto polje kosim potezom lovca: isto! I ugledah: moja se polja prazne, kralju je dat šah, a neuništiva crvena kraljica ostade tamo je gde je i bila, na otvorenom razvođu linija. Sad je došao čas da nemam više čime da vučem poteze: ostadoh bez svih svojih fantazija. Ali, meni ni na pamet ne pada da se predajem: u toj igri i u tim razmerama, u kojima je vodimo, ako ni zbog čeg drugog, onda zbog sebe. Već sam jednom, uhvativši se za teme, probao da se izvučem iz močvare pune humki. Pa šta, potez samim sobom: igraču koji je izgubio ništa drugo ne preostaje, a ni ja ne stojim baš čvrsto na zemlji. Ali, moj cajtnot ističe. Vreme je. Ostavite me, prijatelju. Ako ste mi zaista prijatelj.

Unding podiže najpre otežale kapke, a zatim i sebe: tražio je oproštajne reči i nije ih nalazio. A nije mogao tek tako samo da sasluša i ode, kao da ništa nije ni čuo. Prelete pogledom preko sobe: nizovi hrbata od knjiga, stisnutih jedna uz drugu, disk brojčanika u bronzanom ramu, zalupljen poklopac upijača, u uglu podmetač za čibuke, koji ranije nije primetio, na podmetaču stara lula, ostala bez dima, i odmah pored nje, obešen o naslon fotelje, s rukavima na zemlji, onaj stari kamzol, utekao iz Vestminstera. Gledajući u naborane plećke kamzola, Unding upita:

– Kako to? Zar ga niste poslali, kao što su pisale novine, nekom mladom naučniku u Moskvu?

– Kamzol i meni može još dobro da posluži – začu se uvijen odgovor – a za učenog siromaha iz Zemlje, o kojoj se ne može izreći laž, ne brinite. Poslati su mu, kao nadoknada, moji koncepti i ako barem makazama i lepkom barata, rukopis će mu pomoći da se probije na književni put.

Domaćin i gost se oprostiše. Osvrnuvši se još jednom na vratima, Unding ugleda: ispod kape, koja mu je spala na čelo, izvirivala je brižljivo upletena baronova kika, sa dugim sedim nitima, koje su rasle.

Škripava vitica ponovo zavrte lagane korake čoveka koji je odlazio.

VIII Poglavlje

ISTINA KOJA JE USTUKNULA PRED ČOVEKOM

Mihael Hajnc popusti uzde i točkovi se zaustaviše. Papučica, zatim izlizane stepenice stanične zgrade. Unding podiže pogled na brojčanik, uglavljen u zid, i pomisli: „Treba popraviti metaforu u točku brojčanika: koliko god da se paoci okreću – naplatak je uvek nepomičan." I u tom trenu navre mu u sećanje dugi niz slika. Susreti s Minhauzenom (u tome Unding nije bio usamljen slučaj) uvek su ubrzavali i izoštravali protok ideja i do kraja – do daske – raspaljivali maštu. I uz ravnomerno kloparanje i klackanje vagona, Undingova olovka nije puštala njegove prste, letela je po plavoj liniji, nabacujući skicu nove poeme. Voz je već stigao do Berlina, kada se pojavi i naslov: „Obraćanje naslonima stolica". Dešava se da se i brod od reči nađe u oluji, kada duša poziva „svi na palubu", i sa svih strana – sa svih visećih ležaja, koji izazivaju mučninu, iza zatvorenih vrata i čak mračnog potpalublja – uzbunjene reči hitaju na površinu stranica od hartije, koje se čas dižu čas padaju, kao paluba u oluji: zaokupljen radom, Unding promaši Fridrihštrase-banhof i sišavši na Moabite pođe gradom ne čuvši od brujanja svojih strofa ni tandrkanje točkova, ni žagor ljudi.

Tek kad se našao na pragu sobe s imenom Ernsta Undinga sa spoljne strane vrata, pesnik se seti ko je i gde se nalazi.

Zatim duboki san pomeri kazaljku na satu devet sati unapred. Spustivši noge s postelje, Unding ih gurnu u cipele, ali ne stiže da ih zašnira: jučerašnji dan, nagrnuo u sećanje, obuze njegov otpočinuli um. Peripetije s puta u Badenverder iskrsnuše pred njim u svoj svojoj nepopravivosti. „Ako sam putovao da bih pomogao" – štrecnu ga misao – „zbog čega sam ćutao? Zar ćutanjem može da se pomogne?" Kraj uzglavlja su ležale jučerašnje beleške; preletevši pogledom preko žvrljotina, Unding se gorko osmehnu: „Pa eto, sa naslonima stolica sam stupio u razgovor, a zašto nisam sa čovekom?" Međutim, reči iz rukopisa već mu zapeše za oko i pesnik ni ne primeti kako mu nedorečene strofe ponovo pripiše prste uz hartiju i volja poeme postade ponovo njegova volja: opet iskrsnu zamišljen salon, sa beskonačnim redovima drvenih stvorenja koja se nizahu ka njegovom dnu, i svako je, i spreda i otpozadi, imalo leđa na četiri nepokretne izvijene noge; gledajući tesno zbijene redove, pesnik je udarao rečima po mrtvim leđima, prepuštajući se beznađu pun patetike; govorio je o nečujnosti svih misli, koje bi htele da postanu reči, o sviranju gluvog Betovena na klavikordu, pod čijim su čekićima zategnute strune; zanosio se blagorodnom otvorenošću svojih neslušalaca i navodio ih za primer ljudima koji bojažljivo kriju da su i oni, odakle god da im se priđe, samo leđa na nogama, pričvršćenim za zemlju; raspaljujući svakom strofom u sebi gorčinu i gnev, pisao je... Ali, nije lepo viriti preko ramena lirskom pesniku, kada se ne obraća tebi, već naslonu svoje stolice.

U svakom slučaju, tek predveče, kada je vazduh poprimio boju redova od grafita, poema u glavnim crtama beše gotova i olovka oslobodi prste. Unding ceo dan nije jeo; ogrnuvši kaput, izađe na večernju ulicu i gurnu vrata obližnje *Bierhalle*[1]: uz pomoć noža, viljuške i para vilica ogladneli liričar brzo izađe na kraj s porcijom kobasica; od kupusa ostade samo blagi miris, a špigelajer[2] je uzalud bečio svoje žute oči, moleći za milost. Izborivši se s prvim napadom gladi, Unding poseže rukom za kriglom piva, primače je sebi i naglo povuče prste sa staklene ručke: na površini pića, skupivši se uz brušene ivice, nadimali su se i rasprskavali majušni mehurovi pene: u dlaku isti kao oni koji su ga nekoliko godina ranije upoznali s Minhauzenom. Sada kada je prošao nastup egoizma, koji istoričari umetnosti zovu nadahnućem, lik ostavljenog prijatelja iskrsnu u samom središtu svesti i stade da ga progoni. Unding se te noći dugo vrteo na pregrejanim jastucima dok ga ne sustiže san. Ali, u snu mu se prikaza: niska tavanica, poduprta hrpama knjiga; tih ptičiji korak iza njega; Unding se okreće – po pisaćem stolu, oprezno dižući noge, prikrada se mehur na pačijim nogama; Unding bi da pobegne, ali su mu noge od drveta i pričvršćene su za pod; ne sme da dozvoli da mu omega dođe iza leđa – toga se dobro seća – ali i pozadi su leđa, i napred su leđa – sa svih su strana; i šireći svoja ispupčenja, na kojima titra svetlost, mehur se nadima – sve više i više – sad su već sto, a zatim i knjige, tavanica, čitava soba i on, Unding, u mehuru, sve tanja i tanja ispupčenja rastu, još tren... prasak – i smrt: Unding stišće oči i ugleda sebe... iskolačenih očiju u postelji. U prozoru – zora.

---
[1] Pivnica (nem.) – *Prim. prev.*
[2] Pržena jaja na oko (nem.) – *Prim. prev.*

Kako je dan proticao, nemir je rastao. Bilo da je uzeo novine u ruke, bilo da je beležio u notes predstojeća zaduženja šefa kancelarije „Veritas", čime god da se bavio pred oči bi mu izlazio čovek, lica zagnjurenog u dlanove od pergamenta; kika, koja mu je visila s temena, postajući lagano sve duža, pretila je nečim nepopravljivim. I ponovo se među putnicima večernjeg voza iz Berlina za Hanover našao i Ernst Unding.

Mihael Hanjc, koga je probudilo lupanje i glas, opet je, kao i nekoliko dana ranije, izjurio na svojim seljačkim kolima; Unding stupi na papučicu i točkovi se zavrteše put Badenverdera. Ovoga puta bilo je nešto hladnije i, posmatrajući zoru kako lagano rudi, Unding je čuo kako pod udarcima kopita svaki čas puca i pršti ledena korica na barama. Kad se u jutarnjoj magli, u susret tandrkanju točkova, ocrtaše dlanovi vetrenjača, vinuti u nebo, ošinu ga iznenadna misao: „A šta ako je sve što je baron poslednji put ispričao obmana, najfantastičnija i najveštija od svih minhauzenijada!?" Unding zamisli nasmejano lice badenverderskog pustinjaka, zadovoljnog što mu je podvala uspela, što ga je naveo da poveruje u neverovatno. Unding nije više osećao hladnoću, srce mu je lupalo ubrzano, a točkovi jednako sporo. Nestrpljiv, nagnu se ka kočijašu:

– Kako bi bilo da probudite konje, her Hajnc?

Mihael zamahnu bičem i kočije skrenuše na sporedan put. Poplašeno jato pataka, očajno gačući, razlete se pred kopitama, koja udariše u galop; pod točkovima nešto puče: Unding se osvrnu – jedna patka, očigledno, nije bila dovoljno brza: krila, spljeskanih za zemlju, sa šijom, istegnutom preko puta, koja osta za točkovima nepomična. Uzevši zalet,

Hajncova kola veselo pređoše brdo i već su tutnjala po brvnima na mostu, kad Unding viknu:
– Stanite!

Tog jutra na obali jezera, s koga se magla podigla, videla se grupa ljudi kako posmatra kretanje čamca koji je lagano plovio duž jezera: u čamcu je sedelo četvorica ljudi sa čakljama u rukama; čas uranjajući, čas izranjajući, čaklje su opipavale dno. U okupljenoj gomili Unding raspozna pogrbljenu priliku straca, majordoma; okrenuvši se na zvuk točkova, ovaj, očigledno, takođe prepozna gosta i žurno se, koliko mu je to starost dopuštala, uputi ka mostu. Ne mogavši da dočeka, Unding iskoči iz kočija i požuri u susret majordomu.
– Nešto se loše dogodilo? Recite.

Starac obori glavu:
– Drugi je dan već kako je gospodin baron nestao bez traga. Digao sam na noge sve sluge. Pretražili smo kuću, park, šumu, sada pretražujemo dno. Nigde ništa.

Ernst Unding poćuta. Zatim:
– Obustavite potragu. Nema smisla. Idemo.

U glasu gosta osećala se sigurnost. Starac se povinova, tim pre što je, ostavši dva dana bez gospodara, osećao potrebu za bilo čijim naredbama. Čamac prista uz obalu, čaklje legoše na zemlju, a kočija se uputi ka kući. Usput je Unding saznao pojedinosti.

– Posle vašeg odlaska – izveštavao je majordom – sve je teklo po starom. Mada ne: baron je odbio da ruča i tražio da ga ne uznemiravam bez potrebe. U šest, kao i uvek, popeo sam se u kabinet. U to vreme baron ima običaj da popije čašicu kimovače. Stavio sam poslužavnik na sto, baron je kao i uvek sedeo u fotelji s knjigom u rukama – htedoh da upi-

tam da li da podgrejem ručak, ali mi je dao znak da idem...
— Prekinuću vas: da li se sećate koju knjigu je te večeri baron imao u rukama?
— U crvenom povezu, čini mi se od safijana, sa zlatnim obrezom. Ona je i sada na stolu, onako kako ju je baron ostavio. Stvar je u tome...
— Zahvaljujem se. Nastavite.
— Sišavši dole, nikuda nisam išao, misleći da je baron, sigurno, bolestan i da svaki čas može da pozove. Kod nas u kući je tako tiho da sam jasno čuo korake u biblioteci. Zatim su prestali. Pozvao sam Frica (moj unuk) — naredio mu da stane pored stepeništa, ne odmiče se ni koraka i sluša da ne pozove baron. Sâm sam pošao da obavljam poslove po kući, jedan — drugi, kada sam se vratio, bila je već noć. „Da li je baron izlazio?" — pitam Frica. „Ne" — „Da li je zvao?" — „Ne". Šta je to!? Fricu su se sklapale oči — pustio sam ga da ide i, primakavši klupu uz stepenice koje vode nagore, seo i počeo da osluškujem. Koraci se nisu čuli. Da nije bolestan? Odozgo ni da šušne. Tako jedan sat, pa još jedan. Zatim nešto pred ponoć, iznenada — odatle, odozgo — kao da je neko dotakao zvonce: titraj jezička — i utihnu. Možda mi se, mislim se, pričinilo, a možda i nije. Popnem se do vrata od biblioteke. Pokucam, sačekam, tajac. Odškrinem i pitam: „Da li je gospodin baron izvoleo zvati?" Nema odgovora. Tu rešim da uđem — vidim: u sobi nema nikoga, stolice prazne, na kraju stola zatvorena knjiga — ona ista, u safijanu, prazna čašica pala i otkotrljala se pod sto, i samo se kraj stolnjaka jedva pomera kao da ga je maločas neko zakačio kolenom. Prilazim prozoru: zatvoren. Presveta Bogorodice, šta je ovo!? Pogledah police: knjiga do knjige. Možda se

baron sakrio: ali gde? A i stari smo mi, nismo deca, ni on ni ja da igramo žmurke. Pozvah Frica: sve smo pretražili. Zatim čuvara: da li je izlazio? Nije. Krenusmo s bakljama po vrtu. I tako se dva dana mučimo. Recite, gospodine, da li je moguće da čovek ne izlazeći iz sobe, izađe iz nje?

Ali, u taj mah kola se zaustaviše pred kapijom imanja, što spase Undinga da odgovori. Skočivši na zemlju, uputi se u kuću, ne čekajući majordoma. Fric, raščupan i bunovan, otvori mu vrata, i Unding, prošavši kraj niza portreta u kvadratima od tamnoga zlata – pope se spiralom stepenica, koje su vodile u biblioteku. Dlan gurnu vrata i pesnik, sa šeširom u rukama, prekorači prag. Sve beše isto kao i onda. Doduše, ne: sat, koga su, očevidno, zaboravili da naviju, ćutao je, a naslon stolice, preko koga su prošlog puta visili rukavi starog baronovog kamzola, bio je prazan. Tom u safijanu? Da, sluga je tačno opisao: na ivici stola, udaljen od stolice za dužinu ispružene ruke. Unding priđe i dodirnu kožni ugao purpurnog poveza od safijana. Da. Ona ista. Od uzbuđenja na trenutak mu zastaše prsti, ali nije se moglo čekati – dole se zalupiše vrata, čuli su se koraci sve bliže i bliže. Unding uhvati knjigu, otklopi je: stranice – treća – zatim – trideset deveta – i dalje – šezdeset peta, šezdeset sedma – sad će. Zadrhtavši malo, prsti okrenuše list: prazan kvadrat, oivičen crnom bordurom, nije bio prazan: baron Minhauzen, zgurenih ramena, stajao je u sredini.

Imao je na sebi isti onaj neizostavni kamzol i kiku, koja mu je padala između lopatica. Doduše, o desnom boku nije bilo mača, kao u izdanju iz 1783. godine, a kosa je primetno posedela. Ali, neznanac, videvši druge primerke izdanja, rekao bi: „Vremenom se boja skida i bledi." U svakom slučaju, na

celom svetu ne bi se našao još jedan takav čudak, koji bi pomislio ono što je pomislio pesnik Ernst Unding: „I eto njegovog poslednjeg poteza – samim sobom." I koji bi osetio kako mu se gorka kapljica zaplićem eđu trepavice. Samo je još to trebalo. Pesnik ljutito skupi obrve i maši se olovke: ali reči epitafa nisu navirale. Sedeo je kratko, s laktovima na naslonu stolice, zagledavši se u nejasan i umanjen obris prijatelja, koji se najzad vratio u svoju staru knjigu. Činilo mu se – njeni listovi šire opojan miris, poput večnosti same.

Ali, koraci majordoma, koji se zadržaše negde u spletu hodnika, iznenada se začuše sasvim blizu. Morao je da požuri. Unding brižljivo, ispunjen strahopoštovanjem, prstima dodirujući kožne uglove, spusti poklopac poveza od safijana. Zatim, s knjigom u ruci, priđe nizu hrbata koji su virili s polica, tražeći mesto na koje će da stavi kovčeg od safijana. Evo ovde: i, očešavši se svojom purpurnom tkaninom o kožu i pergament, knjiga se smesti između učtivog Adama Smita i „Priča iz hiljadu i jedne noći". Vrata zaškripaše pozadi. Osvrnuvši se, Unding ugleda majordoma:

– Baron se neće vratiti – dobaci on, u prolazu – jer nije ni odlazio.

I starac, koji za njim zahrama ne bi li dobio jasniji odgovor, ne stiže ni odgovor ni Undinga. Nije prošlo ni pet minuta, a pesnik je sedeo u kočijama, gledajući u leđa Mihaela Hajnca, koji bi s vremena na vreme zviždukom dugog, melodičnog biča ubrzao topot kopita. Točkovi, pod kojima je pucketao prvi mraz, već su leteli ka mostu, kad pesnik, naglo se sagnuvši, dotaknu Hajnca po ramenu.

Osvrnuvši se na sedištu, Hanjc ugleda beležnicu, pritisnutu na putnikova kolena. Ne pokaza čuđenje, zapali cigaru, popravi remen i stade da čeka. A tekst, ispleten od sivih slova, koja su poigravala, kazivao je:

> Ovde pod pokrovom od safijana
> sud živih čeka, spljošten u
> dve mere, narušitelj sveta mera,
> baron Jeronimus
> fon Minhauzen.
> Čovek ovaj, kao bo-
> rac pravi, nijednom pred istinom ustuk-
> nuo nije: ceo život
> mačem se protiv nje borio, parirajući
> činjenice fantazijama, – i kada,
> odgovarajući na udarce, izvrši odlučujući
> napad – svedok sam – sama
> Istina ustuknu pred
> čovekom. Za dušu njegovu molite se
> svetom Nikom.

Ernst Unding savi listove i dade kočijašu znak: napred. Pod naplatcima točkova ponovo zapucketaše tanke ledene korice na barama.

FANTASTIČKI PISAC ČIJI JE GROB IZGUBLJEN

Kad je Baron fon Minhauzen, najveći lažov, izabrao da se vrati u svet? I gde? Naravno, u Rusiji, jer je baš tada, uz Gulivera, tamo bio najomiljeniji, na vrhuncu svog uspeha. I to marta 1921. godine, u času kad jedva da je prošlo četiri godine otkako su boljševici u čuvenoj oktobarskoj revoluciji preuzeli vlast, zapravo u istom času kad su se mornari iz Kronštata, utvrđenog ostrvceta u luci Sankt Petersburga – bolno pogođeni izdajom ideala za koje su se borili, jer upravo je njihov doprinos, sa krstaricom „Potemkin", bio presudan za pobedu Sovjeta 1917. godine – žestoko pobunili protiv diktature partije i pozivali narod na novu revoluciju. Crvena armija je bez oklevanja i krvavo, bespoštedno odgovorila na tu pobunu. Sve je pobunjenike pobila.

Zapadne vlade su u nedoumici. Kad su već bile spremne da priznaju mladu sovjetsku državu, dogodio se Kronštat i one su počele da sumnjaju. Njihovi analitičari su zamukli pred zagonetkom. Valjalo je saznati šta se zaista zbiva u Rusiji. Na koga pada zapadni izbor da to istraži? Na Barona fon Minhauzena koji je do tog trena već više od stoleća čamio u koricama i na užutelim papirnim stranicama knjige posvećene njegovim legendarnim avanturama. I tako se, radi ispunjenja misije, Minhauzen zapućuje najpre u London, pa u Moskvu.

Naslov ovog vrhunca satiričke imaginacije, s obzirom na model na koji se poziva, apsolutno je tačan. Originalno delo po kojem svi znamo za lažljivog barona, *Pustolovine barona Minhauzena*, koje su voleli Prust, Flober, Teofil Gotje, između mnogih, i čiji je u izvesnom smislu adoptirani autor Gotfrid August Birger, upravo počinje glavom naslovljenom „Putovanje u Rusiju i Sankt-Petersburg". Ali, naravno, i Kržižanovski kreće sa Londonom, budući da tamo, progonjen, beži izvesni Raspe, učenjak iz Hanovera i trgovac umetničkim predmetima, odnoseći sa sobom izmaštane uspomene navodno autentičnog Minhauzena. Od tih uspomena nastaje knjiga koja je anonimno obelodanjena 1785. godine. Potom je Birger prisvaja i razvija. Sto i pedeset godina docnije, ruski pisac, poljskog imena, Kržižanovski, sastavlja svoj neophodan dodatak minhauzenovskim avanturama koje ne mare za ikakve granice između postojećeg i nepostojećeg.

Posle povratka iz sovjetske Rusije – gde štapovi imaju samo jedan kraj, a zemlja samo jednu partiju, socijalizam, pak, samo jednu zemlju, gde se pisci dele na čuvare režima i one koji se podvrgavaju režimu, pa su zato potonji prisiljeni da stežu kaiš, kao što je to morao i sam Kržižanovski – baron pred najodabranijom engleskom publikom drži predavanja o svom putovanju. Svi su zaprepašćeni. Moramo zamisliti i tu silnu začuđenost kad se, samo za nas, ispostavi da baron nije ni bio u Rusiji, da je sve što je pričao gola laž, a onda tek preneraženost, na još višem stepenu, kad se pokaže da je sovjetska realnost nadilazila sve minhauzenovske laži i fantazije. Da li je to zemlja o kojoj je nemogućno izreći laž.

Kržižanovski je roman napisao, tokom 1927. godine, kad umire Fjodor Sologub, i kad završava putovanje njegovog Minhauzena, pa i čitao ga javno, ali

rukopis ipak nije mogao biti objavljen. Oni koji odlučuju, crvenom olovkom su na njemu napisali: nije za objavljivanje, neobjavljivo! Više ili manje slično prošle su i njegove novele i priče, od kojih vredi spomenuti najbolje, *Klub ubica slova* (čiji je srpski prevod već u pripremi), *Autobiografija leša, Sećanja na budućnost, Građa za biografiju Gorgisa Katafalakija...*
    Rođen u poljskoj porodici, u Kijevu, 11. februara 1887. godine, Sigizmund Dominikovič Kržižanovski, završio je Pravni fakultet na kijevskom Univerzitetu. Svoje radove počeo je prvi put da objavljuje 1912. godine, a potom će dvadesetak meseci provesti u Francuskoj, Italiji, Švajcarskoj i Nemačkoj, na univerzitetima u Hajdelbergu, Parizu, Milanu. Po povratku u zavičaj, najpre je predavao teoriju pozorišta na Kijevskom konzervatorijumu. U Moskvu se preseljava 1922. godine, zamalo posle Kronštata. Živi na Arbatu, u sobici od osam kvadratnih metara. (Otuda možda i njegova ideja o minus-prostoru, o kojoj će govoriti i Vladimir Toporov u svom odličnom ogledu o Kržižanovskom.) Radi u teatru i u redakciji Velike sovjetske enciklopedije. Svoja glavna dela napisao je poglavito u razdoblju od 1920. do 1940. godine, a potom mu je rečeno da njegova fantazija i kultura nisu nikom potrebne. Počeo je da pije, tonući u sve veći zaborav.
    Njegovo delo ponovo je otkriveno, zahvaljujući prvenstveno Vadimu Perelmuteru, tek sa takozvanom perestrojkom, krajem osamdesetih godina prošlog veka. I ovih godina se tek pojavilo u integralnom obliku, u pet knjiga, izazvavši zasluženu pažnju u Rusiji (proglašen za ruskog Borhesa), a sve većma i u ostalom svetu. Njegovo umiranje bilo je nalik njegovom pisanju i sudbini tog pisanja. U maju 1950. godine, usled tetanusnog napada, pogođen mu je deo mozga koji upravlja znakovnim sistemima, ne samo da onda gubi moć govora nego nije kadar ni da se slu-

ži slovima. U jednoj od svojih pripovesti opisivao je kako su slova prestala da se drže papira i odbijala da se međusobno povezuju da bi obrazovala reč, a sad se samom piscu upravo to dogodilo: slova koja je celog života smatrao ličnostima od značaja u njegovoj biografiji, odjednom su, izgubljena, počela da razgrađuju i njegovu ličnost. (Pa i Minhauzen se oprašta od alfabeta). Oktobra iste godine doživljava infarkt. Ubrzo potom umire. Sahranjen je za Novu godinu. Tog dana je bilo paklenski hladno. Možda se zbog toga nijedna od nekolicine osoba u povorci koja ga je ispratila nije više sećala čak ni moskovskog groblja na kojem je Kržižanovski sahranjen. Tako je piščev grob ostao zauvek neznan. Izgubljen u večnosti. Delo koje nam je od njega ostalo, čini ga nesumnjivim velikanom ruske fantastike započete sa Gogoljem i Dostojevskim, uključujući ga u red najboljih njegovog doba kakvi su bili fantastičari Brjusov, Sologub, Andrejev, Grin, Zamjatin, Kozirjev, Piljnjak, Bulgakov, Platonov, Čajanov.

Usput, svaka nepomičnost može biti fatalna, kao što je rečeno u ovoj knjizi, i zato postoji fantastika: da bismo bili kadri da se krećemo po stvarnosti. A ta stvarnost, ionako, može biti samo jedna od naših halucinacija.

J. A.

SADRŽAJ

Svaki baron fantazira na svoj način 7
Dim diže buku 19
Kantov vršnjak 37
In partes infidelium 48
Đavo u kočijama.............................. 52
Teorija neverovatnoće.......................... 103
Badenverderski pustinjak 116
Istina koja je ustuknula pred čovekom.............. 134

Jovica Aćin *Fantastički pisac čiji je grob izgubljen* 143

Sigizmund Kržižanovski POVRATAK MINHAUZENA • Izdavačko
preduzeće RAD Beograd, Dečanska 12 • Glavni urednik NOVICA
TADIĆ • Lektor i korektor MIROSLAVA STOJKOVIĆ • Za izdavača
SIMON SIMONOVIĆ • Štampa Elvod-print, Lazarevac

www.ingramcontent.com/pod-product-compliance
Lightning Source LLC
Chambersburg PA
CBHW071722090426
42738CB00009B/1849